JN207241

紺野 真が作る

uguisu/organ

野菜のひと皿料理

紺野 真

―― 野菜が主役

ここ数年、野菜にとても興味があります。
以前までは肉や魚を料理の主役にしないと、
何か物足りないと感じていましたが、最近は考え方がだいぶ変わってきました。

野菜を皿の主役にして、肉や魚介を引き立て役に、
ときには動物性の食材をまったく使わずに料理を組み立てることも。

野菜を料理の軸に持ってくると、当然料理は軽くなり、
コースのようにたくさんの種類の皿を召し上がっていただくときでも、
最後まで疲れずに食べてもらえるようになります。
また植物性の素材を多く使うことで、料理の透明感が増す気がします。
その味わいは繊細で滋味深く、
ときに食べ手側がその繊細な風味を感じ取るために、
味覚を研ぎ澄ます必要が出てくることさえあるのです。

野菜は切り方ひとつでイメージが変わります。
輪切りにするか、せん切りにするか、削ってみるか。
それだけでもまったく違う表情を見せてくれます。
また生で食したり、焼いたり、蒸したり、揚げたりと、
調理方法を変えれば、その都度違う姿を見せてくれます。

いかに野菜をより美味しく食べるか？
これはまさに料理人冥利に尽きる永遠のテーマともいえるでしょう。

この本では季節ごとに旬の野菜を選び、その野菜たちを主役として料理を作ってみました。
旅先で出会った味。以前暮らしていたアメリカで初めて知った味。
uguisuとorganで培ってきたフランス料理の味。
さまざまなエッセンスが詰まったひと皿です。
ぜひ、美味しそうな野菜を手に入れたら、
本書を開いて、みなさんの野菜料理のヒントにしてみてください。

紺野 真

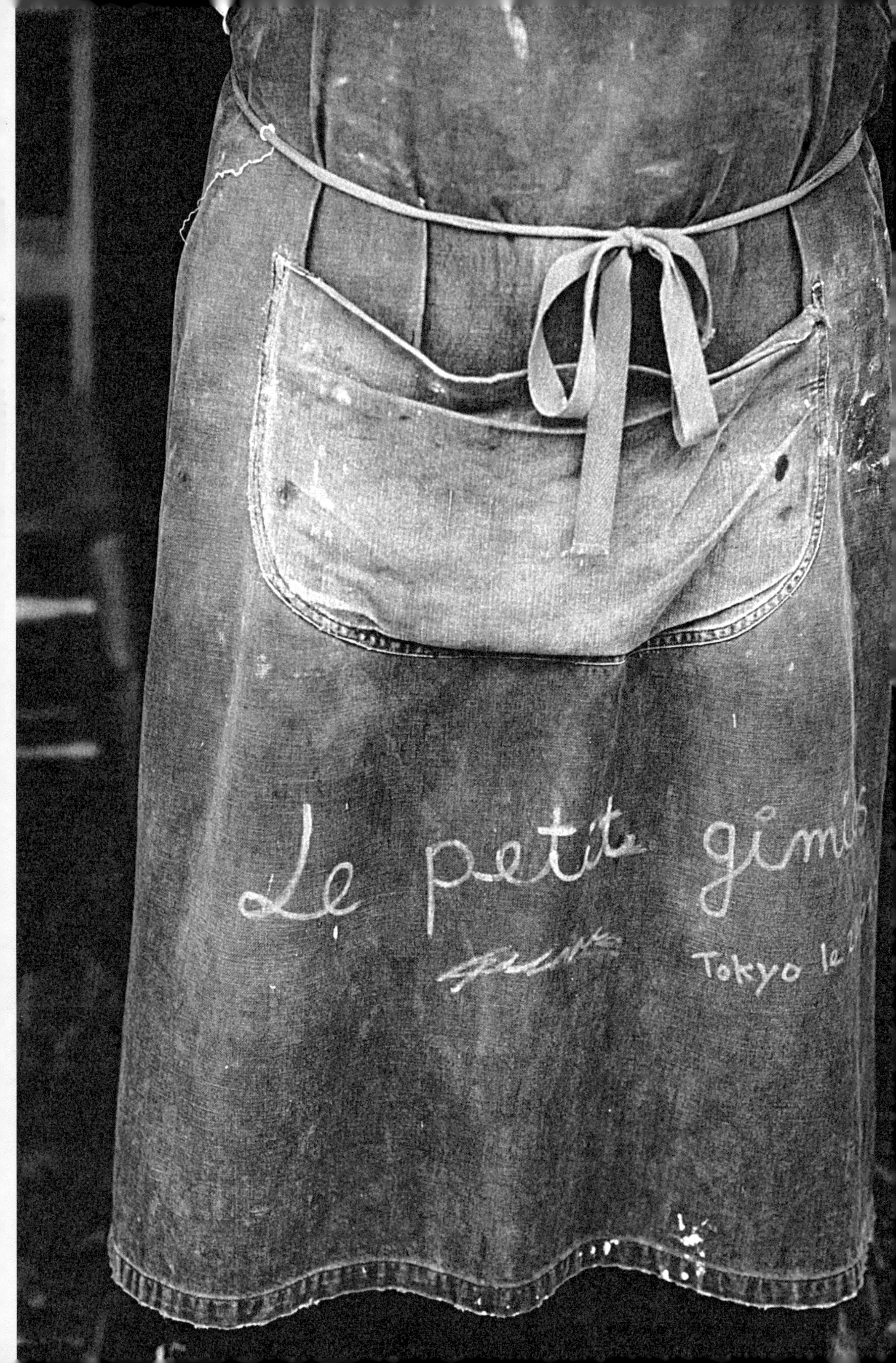
Le petite
Tokyo le

目次

table des matières

野菜が主役 ……… 2
料理が繋ぐ絆 ……… 198

春 — printemps

直火で焼いたグリーンアスパラガス、レモン添え ……… 8・26
グリーンアスパラガスとグリーンピース、オランデーズソース ……… 9・27
グリーンピースとベーコンのケークサレ ……… 10・28
グリーンピースと粒貝のタルトレット ……… 11・29
クタッとするまで茹でたホワイトアスパラガスとマヨネーズ ……… 12・30
ホワイトアスパラガスのヴルテと海老のケーキ ……… 12・31
ホワイトアスパラガス、蕗の薹とホタルイカのソース ……… 13・32
牡蠣とホワイトアスパラガスのソテー、ブルーチーズ添え ……… 13・33
クレソンのスープ ……… 14・34
春野菜の温かいサラダ、黄パプリカソースとシェーブルチーズ添え ……… 15・35
グリーンピースと空豆、黄パプリカソースとトマトクラリフェのジュレ ……… 15・36
焼きナスともろみ味噌、山椒オイルがけ ……… 16・37
茹でた筍とうずらの卵、ピペラード添え ……… 17・38
赤タマネギのアグロ・ドルチェ、鰹とブラックベリー ……… 18・39
パプリカのアグロ・ドルチェ、稚鮎のフリット ……… 19・40
鯵のスモークと焦がしたイチゴ、ピストゥーソース ……… 20・41
真鯛のカルパッチョ、イチゴサルサとザクロ ……… 20・42
ダメージイチゴのソースとスプーンですくって食べるチーズケーキ ……… 21・43
芽キャベツとグリーンピースのニョッキ、クリームソース ……… 22・44
芽キャベツのフリット、アンチョビマヨネーズ添え ……… 23・45
ラディッシュとスナップエンドウ、フェタチーズのサラダ ……… 25・46
ラディッシュの葉のジェノヴェーゼ ……… 25・47

夏 — été

サーモンマリネとフェンネル、プラムのブリニ ……… 48・72
フェンネルとプラムの温かいサラダ ……… 48・73
フェンネルと2種のグレープフルーツのサラダ ……… 49・73
アイスプラントとキウイフルーツ、モッツァレラ、紫蘇のサラダ ……… 50・74
ズッキーニのマリネとパッションフルーツ、水きりヨーグルト ……… 51・74
トウモロコシとピスタチオ、ズッキーニのボート ……… 52・75
カレー風味のズッキーニフリット、パルミジャーノのアクセント ……… 52・75
ジャガイモのニョッキ、焦がしトマトソース ……… 53・76
浅蜊と冬瓜、トウモロコシの蒸し煮 ……… 54・77
トウモロコシのガレット、香菜クリーム ……… 55・78
トウモロコシと雑穀を詰めたパプリカのロースト ……… 56・79
豚肉のロースト、トウモロコシと黒ニンニクのピュレ ……… 58・80
トウモロコシのスティック、メキシコ風 ……… 59・81
ワカモレとトルティヤチップス ……… 59・82

スモークドババガヌーシュとセミドライトマト、ピタパン ……… 62・83
ナスのグリル、サジキとセミドライトマト ……… 63・84
フムスとナスのグリル、ザクロのアクセント ……… 63・85
メロンとキュウリ、ブルサンチーズのサラダ ……… 64・86
黄色いビーツとアンディーブ、ブルーベリー、
　バジル、蕎麦の実、シェーブルチーズのサラダ ……… 65・87
夏野菜のグリル、ロメスコソース添え ……… 66・88
砂肝のコンフィと香菜のサラダ ……… 66・89
キュウリとアボカドの冷たいスープ ……… 67・90
巨峰、水ナス、帆立貝のサラダ、バジルヨーグルトソース ……… 67・90
丸ごとの桃と蟹のサラダ ……… 68・91
桃のコンポート、ジュレとココナッツのアイスクリーム添え ……… 69・92
ブッラータ、プラムとブルーベリーのスパイスソテー ……… 70・93
サヤインゲンとオレンジ、アーモンドのサラダ、
　焦がしタマネギとハニージンジャーのドレッシング ……… 70・93

秋 — automne

彩野菜とキヌアのサラダとトレビスのソテー ……… 94・112
トレビスのソテーと焦がしトマトのソース、
　タマネギフリットのアクセント ……… 95・113
ツルムラサキと鶏むね肉と胡桃のサラダ ……… 96・114
焦がしロメインレタスのウェッジサラダ ……… 96・115
メカジキのソテーとキャビア・ド・オーベルジーヌ、
　フルーツトマト添え ……… 97・116
ガスパチョと白身魚のクネル ……… 97・117
鴨肉のラケと無花果のタルティーヌ ……… 98・118
無花果と馬肉、アーモンド、セミドライトマトのタルタル、
　ブッラータ添え ……… 99・119
無花果と胡桃、ビーツとブルーチーズのサラダ ……… 100・120
洋梨と赤タマネギ、メープルシロップの温かいサラダ ……… 102・121
赤いサラダ ……… 103・122
ハーブをたっぷり加えたポレンタとキノコソテー ……… 104・123
黒米と椎茸、フォワグラ、スライスした聖護院カブ ……… 105・124
マッシュルームと乾燥ミントのスープ ……… 106・125
マッシュルームとトリュフ、ポーチドエッグのサラダ ……… 107・126
マッシュルームのオムレツ、タラゴンとライムの風味 ……… 108・127
栗とマッシュルーム、ベーコンのパイ ……… 110・128
栗のパンペルデュ ……… 111・129

目次 — table des matières

冬 — hiver

浅利と芹のリゾット　芹の根のフリット ……… *130・158*
蓮根の揚げケーキと海老のソテー、蓮根のチップ ……… *131・159*
牛蒡のリゾットとフリット ……… *132・160*
牛蒡の赤ワイン煮とジャガイモのピュレ ……… *132・161*
菊芋のチップスとディップ ……… *133・162*
菊芋のヴルテとチップス、トリュフの香り ……… *133・163*
根セロリとリンゴのレムラード、胡桃のアクセント ……… *134・164*
根セロリと菊芋、マッシュルームのロースト、
　　ブルーチーズソース ……… *135・165*
柿とミカンとアンディーブのサラダ、ミカンの香りのジュレ ……… *136・166*
カブのファルシ、鶏むね肉のローストとカブのソース ……… *137・167*
カブのサラダ、カブの葉のソース ……… *137・168*
安納芋のフリット ……… *138・168*
百合根と胡桃の温かいサラダ ……… *139・169*
帆立とカボチャのニョッキとセージ、焦がしバター ……… *141・170*
バターナッツスクワッシュのヴルテ、トマトのピュレ ……… *141・171*
ケールとジャガイモ、ポーチドエッグの温かいサラダ ……… *142・172*
カブと帆立、金柑のサラダ ……… *143・173*
雲丹、パースニップのピュレとトマトクラリフェのジュレ ……… *144・174*
パースニップのブランマンジェとニンジンのムース ……… *145・175*
ブドウとマスカルポーネの菊球 ……… *146・176*
紅芯大根と洋梨、タラゴンのサラダ ……… *147・177*
白菜と生ハムのミルフィーユ ……… *148・177*
カリフラワーの丸ごとロースト、スパイシートマトソース ……… *149・178*
カリフラワーのムジャッダラ ……… *150・179*
海老のケーキとカリフラワーのピュレ、カレー風味のオイル ……… *150・180*
ブロッコリーとムール貝のスープ ……… *151・181*
揚げたブロッコリーとブロッコリーのピュレ、緑のトマト添え ……… *151・182*
下仁田ネギのローストと浅利のクリームソース ……… *152・183*
下仁田ネギと牡蠣のフォンダン、ベイクドポテト ……… *153・184*
海老の里芋まんじゅう、海老のスープ ……… *155・185*
牛肉のステーキ、春菊のサラダ添え ……… *156・186*
アンディーブと胡桃、ロックフォールのタタン ……… *157・187*

流用レシピ ─ recette de détournement

鶏のブイヨン ……… 188
野菜のブイヨン ……… 188
ヴィーガン・ブイヨン ……… 189
フォン・ド・ボー ……… 189
マヨネーズ ……… 190
ヴィネグレットドレッシング ……… 190
ランチドレッシング ……… 191
焦がしタマネギとハニージンジャーのドレッシング ……… 191
カレードレッシング ……… 192
カレー風味のオイル ……… 192
シェリービネガーソース ……… 193
リデュースド・バルサミックビネガー ……… 193
トマトクラリフェ ……… 194
セミドライトマト ……… 194
焦がしトマトソース ……… 195
飴色タマネギ ……… 195
キノコパウダー ……… 196
クルトン ……… 196
パート・フィユテ（折り込みパイ生地）……… 197
パート・ブリゼ（タルト生地）……… 197

料理を作る前に │ 本書で紹介しているレシピの中には実際にお店で提供してきたものも含まれています。
料理によっては工程も多く、家庭では再現するのが難しいかもしれません。
そのようなときは再現しなくても、付け合わせ、ソースなど、
一部分を切り取り、料理のアイデアにして取り入れてみてください。

加熱時間、分量などは目安です。
素材の状態、好みの仕上がりに合わせて調整してください。

春 —— printemps

recette → p26

直火で焼いたグリーンアスパラガス、レモン添え

recette → p27

グリーンアスパラガスとグリーンピース、
オランデーズソース

春 | printemps

recette → p28

グリーンピースとベーコンのケークサレ

recette → p29

グリーンピースと粒貝のタルトレット

春

printemps

recette → p30

クタッとするまで茹でた
ホワイトアスパラガスとマヨネーズ

recette → p31

ホワイトアスパラガスのヴルテと
海老のケーキ

recette → p32

ホワイトアスパラガス、
蕗の薹とホタルイカのソース

recette → p33

牡蠣とホワイトアスパラガスのソテー、
ブルーチーズ添え

春 | printemps

recette → p34

クレソンのスープ

14

recette → p35

recette → p36

春野菜の温かいサラダ、
黄パプリカソースと
シェーブルチーズ添え

グリーンピースと空豆、
黄パプリカソースと
トマトクラリフェのジュレ

春 | printemps

recette → p37

焼きナスともろみ味噌、山椒オイルがけ

茹でた筍とうずらの卵、ピペラード添え

春 printemps

recette → p39

赤タマネギのアグロ・ドルチェ、鰹とブラックベリー

recette → p40

パプリカのアグロ・ドルチェと稚鮎のフリット

春
printemps

recette → p41

recette → p42

鯵のスモークと焦がしたイチゴ、
ピストゥーソース

真鯛のカルパッチョ、
イチゴサルサとザクロ

recette → p43

ダメージイチゴのソースと
スプーンですくって食べるチーズケーキ

春 | printemps

recette → p44

芽キャベツとグリーンピースのニョッキ、クリームソース

recette → p45

芽キャベツのフリット、アンチョビマヨネーズ添え

recette → p46

ラディッシュとスナップエンドウ、
フェタチーズのサラダ

recette → p47

ラディッシュの葉のジェノヴェーゼ

printemps

直火で焼いたグリーンアスパラガス、レモン添え

グリーンアスパラガスはさまざまな食べ方で楽しむことができます。
煮ても、蒸しても、生でも、オーブンで焼いても、
フライパンでソテーしても美味しいけれど、シンプルに食べるのなら、
直火で焼く方法がいちばん美味しいのではないかと思います。
アスパラガスは根元の部分に火が入りにくく、
火が強いとやわらかくなる前に焦げてしまうので注意が必要です。
僕はコンロの上に網を置き、四つ角にアルミホイルを丸めたものを置いて
さらにもう一枚網をのせて遠火で焼くようにしています。

recette

― 材料（2皿分）

グリーンアスパラガス　6本
レモン　1/4個
EXVオリーブオイル　適量
フルール・ド・セル　適量
黒胡椒　適量

― 作り方

1　グリーンアスパラガスは全体の下1/3程度の皮をピーラーでむき、根元1cmを切り落とす。

2　グリーンアスパラガスにオリーブオイルを塗り、上記で説明したように遠火で焦げないように極弱火で炙る。

3　盛りつける。グリーンアスパラガスに火が入ったら皿に盛り、フルール・ド・セルと黒胡椒をふり、レモンを搾る。

printemps

グリーンアスパラガスとグリーンピース、オランデーズソース

グリーンアスパラガスを美味しく食べる方法はたくさんありますが、
フランス料理でポピュラーなのが、オランデーズソースと合わせる方法です。
オランデーズソースは僕の中でも最も素早くできて、その上美味しいソース。
卵黄を使ったソースで、卵黄に少量の水分を加えて湯煎にかけ、
素早く撹拌しながら火を入れると、ムースのようなクリーミーな仕上がりになります。
いちばん重要なのは、材料や道具をあらかじめ手の届く場所にすべて準備しておくこと。
なぜなら卵の状態は数秒で変わってしまうからです。
慣れるまでは弱火でゆっくり、頻繁に火から外して少しずつ火入れをします。

recette

― 材料（2皿分）

グリーンアスパラガス　6本
グリーンピース　20g（正味）
［ オランデーズソース ］（作りやすい分量）
　卵黄　3個
　白ワイン　35〜45g
　水　65g
　蜂蜜　15〜18g
　溶かしバター（無塩）　45〜50g
　レモン果汁　23〜25g
　塩　3つまみ
［ グリーンピースのピュレ ］
　グリーンピース＊　60g（正味）
　塩　適量
EXVオリーブオイル　適量
レッドソレル　適量

＊冷凍グリーンピースを使ってもよい。
その場合は茹でる工程は不要。

― 作り方

1　オランデーズソースを作る。大きさの違う鍋を2つ用意する。大きな鍋に湯を沸かし、湯煎の準備をする。小さな鍋に白ワインを入れて火にかけ、焦げないように注意しながら白ワインがほぼなくなるまで煮詰める。そこに分量の水、蜂蜜、塩を加えてさらに火にかけ、沸騰寸前まで温める。

2　沸騰寸前まで温まったら卵黄を加え、湯を張った大きな鍋に鍋底を当てる。湯煎にかけながら、泡立て器を使って卵黄を撹拌する。卵黄の量が増し、ムースのようなクリーム状になったら、すぐに溶かしバターとレモン果汁を加えてさらに撹拌して乳化させる。味見をして必要ならば蜂蜜、塩、レモン果汁（すべて分量外）で味を調える。もしソースが重いようであれば、水を加えて撹拌する。でき上がったソースは表面をラップで覆い、温かい場所に取り置く。

3　グリーンピースのピュレを作る。グリーンピースはさやを外し、豆を茹でる。茹でた豆はすぐに冷水に取り、完全に冷えたらペーパータオルの上で水気を取る。茹でたグリーンピースをブレンダーで滑らかになるまで撹拌し、塩で味を調える。水分が足りない場合は水を適宜足す。

4　グリーンアスパラガスは全体の下1/3程度の皮をピーラーでむき、根元1cmを切り落とす。グリーンピースはさやを外し、別々に茹でる。

5　茹で上がったらすぐにバットに移し、塩と黒胡椒（ともに分量外）をふり、オリーブオイルを軽く回しかける。

6　盛りつける。皿にオランデーズソースを流し、その上にグリーンピースのピュレをところどころに垂らす。グリーンアスパラガスとグリーンピースを盛り、レッドソレルをあしらう。

printemps

グリーンピースとベーコンのケークサレ

グリーンピースと相性抜群の食材のひとつにベーコンがあります。
この2つにチーズを加えて焼き上げたケークサレは、
香ばしいチーズとベーコンの香りが食欲をそそる一品です。

recette

― 材料（20 × 8 × 高さ5cmのパウンド型・1台分）

［具材］
　グリーンピース　160g（正味）
　ベーコン（ブロック）　80g
　タマネギ　80g
　バター（無塩）　大さじ1
　塩　適量
　黒胡椒　適量

［生地］
　薄力粉　130g
　ベーキングパウダー　9g
　塩　3g
　全卵　2個
　牛乳　70g
　パルミジャーノ・レッジャーノ　50g（削る）
　EXV オリーブオイル　15g

― 下準備

- 型にバター（分量外）を薄く塗り、オーブンシートを敷く。
- 焼くタイミングに合わせ、オーブンを180℃に予熱する。

― 作り方

1　具材を準備する。グリーンピースはさやを外す。タマネギはみじん切りにする。ベーコンは1cm角に切る。フライパンにバターを入れ、タマネギとベーコンをタマネギがしんなりするまで弱火でソテーし、塩と黒胡椒で味を調える。

2　生地を作る。ボウルに薄力粉、ベーキングパウダー、塩を合わせて混ぜる。

3　別のボウルに卵を割り入れ、もったりするまで泡立て器で混ぜる。

4　3に牛乳、オリーブオイル、パルミジャーノ・レッジャーノを加えてよく混ぜる。

5　合わせた粉類を加えて木ベラでさっくりと混ぜる。

6　1の具材を加え、均等になるように生地を軽く混ぜる。

7　6を型に流し込み、180℃に温めたオーブンで30分ほど焼く。オーブンから取り出し、オーブンシートごと型から外し、粗熱が取れるまでケーキクーラーの上で冷ます。

printemps

グリーンピースと粒貝のタルトレット

タルトの中にはエシャロットとハーブを加えた自家製のリコッタチーズを敷きます。
粒貝はエスカルゴを調理するエスカルゴバターでソテー。
エスカルゴを粒貝に置き換えたイメージです。

recette

― 材料（直径5cmのタルトレット型・8個分）

［具材］
粒貝　2個
グリーンピース　20〜30g（正味）
レモン果汁　適量
塩　適量
黒胡椒　適量

［ハーブ入りリコッタチーズ］（作りやすい分量）
牛乳　350ml
生クリーム　80ml
レモン果汁　50ml
エシャロット　½個
ディルの葉　3枝分
タラゴンの葉　1枝分
チャービルの葉　1枝分
塩　適量

［エスカルゴバター］（作りやすい分量）
バター（無塩）　100g
エシャロット　20g（みじん切りにする）
イタリアンパセリの葉　20g（みじん切りにする）
ニンニク　8g（みじん切りにする）

パート・ブリゼ（P.197参照）　50g
グリーンピースの芽　適量

― 下準備

- エスカルゴバターのバターは室温に戻す。
- 焼くタイミングに合わせ、オーブンを200℃に予熱する。

― 作り方

1　ハーブ入りリコッタチーズを作る。鍋に牛乳と生クリームを入れ、レモン果汁を円を描くように全体に回しかけ、かき混ぜずに中火にかける。牛乳が温まってきたら弱火にして牛乳が分離しているのを確認できたら火を止める。ペーパータオルを敷いたザルをボウルに重ねて漉す。乳清はかたさを調整するのに使うので取り置く。レモンの酸で分離した牛乳が乳清とリコッタチーズに分けられ、さらに水気をきると30分ほどでリコッタチーズができ上がる。

2　エシャロットはみじん切りにし、20分ほど冷水に浸して辛みを抜く。その後水気をきる。残りのハーブはみじん切りにする。

3　ボウルにでき上がったリコッタチーズ、2、塩を入れてゴムベラで混ぜる。もしかたいようなら取り置いた乳清を適宜加えてやわらかくする。

4　タルトレットを作る。パート・ブリゼを3mm厚さにのばし、型に敷く。それぞれにオーブンシートを被せ、重石をのせて200℃に温めたオーブンで8分ほど焼く。オーブンシートごと重石を外して再度オーブンに戻し、さらに6分焼く。焼き色がついたら焼き上がり。

5　具材を準備する。粒貝は殻から取り出し、「脂」と呼ばれる唾液腺（毒が含まれている）を取り、1cm程度の大きさに切り分ける。

6　グリーンピースはさやを外し、豆を軽く茹でる。茹でた豆はすぐに冷水に取り、完全に冷えたらペーパータオルで水気を取る。フライパンにエスカルゴバター大さじ1と粒貝を入れて中火でソテーする。粒貝に火が入ったら、黒胡椒をふり、レモン果汁とグリーンピースを加えて火を止める。味を見て必要ならば塩で味を調える。

7　盛りつける。タルトレットに3のリコッタチーズを詰め、その上にソテーした粒貝とグリーンピースを熱いうちに盛り、グリーンピースの芽をあしらう。

printemps

クタッとするまで茹でた
ホワイトアスパラガスとマヨネーズ

日本では食感を残すように茹でるのがポピュラーですが、
実はクタクタになるまでオーバークックした
ホワイトアスパラガスも美味しいです。

recette

— 材料（2皿分）

ホワイトアスパラガス　3本
マヨネーズ　適量(P.190参照)
塩　適量
黒胡椒　適量

— 作り方

1　ホワイトアスパラガスは皮をむき、根元1cmを切り落とす。皮と切り落とした根元は取り置く。

2　鍋に水を入れ、取り置いた部分を加えて沸かす。皮をむいたホワイトアスパラガスを加え、弱火で十分にやわらかくなるまでゆっくり茹でる。

3　盛りつける。熱いうちに塩をふって皿に盛り、マヨネーズを添えて黒胡椒をふる。

printemps

ホワイトアスパラガスのヴルテと海老のケーキ

ホワイトアスパラガスは高価な野菜ですが、
もし新鮮なホワイトアスパラガスがまとまった量手に入ったら、
ぜひ試してもらいたい料理です。
それはホワイトアスパラガスのヴルテ。
ヴルテとは厚みのあるポタージュのようなスープのことで、
高級なホワイトアスパラガスをヴルテにするのはとても贅沢ですが、
試していただく価値のある美味しさです。
鮮度が悪いと筋張っていて、裏漉ししても量が取れないのでご注意を。
バターでゆっくりソテーし、やわらかくなるまで煮込んだら、
ブレンダーにかけるだけで極上ヴルテが完成します。

― recette

― 材料（4～6皿分）

[ホワイトアスパラガスのヴルテ]
- ホワイトアスパラガス　20本
- バター（無塩）　50g
- 塩　適量
- 黒胡椒　適量

[海老のケーキ]
- むき海老（ブラックタイガーやバナメイ海老など）　16尾分（200g）
- エシャロット　1/4個（みじん切りにする）
- ニンニク　1/2かけ（みじん切りにする）
- タイムの葉　1/2枝分（みじん切りにする）
- ディルの葉　2枝分（みじん切りにする）
- ピメント・エスペレット（または一味唐辛子）*　ひとつまみ
- 塩　適量
- EXVオリーブオイル　適量

＊バスク地方の辛いピーマンの粉末。

― 作り方

1　ホワイトアスパラガスのヴルテを作る。ホワイトアスパラガスは皮をむき、乱切りにする。鍋にバター、ホワイトアスパラガス、塩を加え、弱火でソテーする。ホワイトアスパラガスがしんなりしたら、水700mlを加えて中火にする。沸騰したらアクを取って弱火にする。ホワイトアスパラガスが完全にやわらかくなるまで20分ほど煮る。ブレンダーで滑らかになるまで撹拌し、裏漉しして塩と黒胡椒で味を調える。

2　海老のケーキを作る。フライパンにオリーブオイル、エシャロット、ニンニクを入れ、弱火でさっとソテーする。香りが立ったらバットに移し、冷蔵庫で完全に冷ます。

3　海老は背ワタを取り、包丁で叩いてボウルに入れる。

4　タイム、ディル、ピメント・エスペレットを加えてよく練る。必要であれば塩で味を調える。タネを4等分に分けて小判形に成形し、オリーブオイルを引いたフライパンで焼く。

5　盛りつける。器に温めたヴルテをよそい、海老のケーキを入れ、仕上げにオリーブオイル（分量外）を垂らす。

printemps

ホワイトアスパラガス、蕗の薹とホタルイカのソース

春の訪れを知らせてくれる蕗の薹とホタルイカ。
蕗の薹には山菜ならではの苦みをともなった風味、
ホタルイカには内臓の旨みとほのかな苦みがあります。
主張の強い食材を合わせることでほかにはない風味のソースができます。
ベースはフランス料理で使われる、ブール・ノワゼット(焦がしバターソース)。
ブール・ノワゼットはタイミングが命です。
すべての材料を切り分け、レモンを搾っておき、
手元にスタンバイしてから調理にかかりましょう。
ホワイトアスパラガスと合わせれば、季節感溢れるひと皿になります。

recette

— 材料(2皿分)

ホワイトアスパラガス　3本
［蕗の薹とホタルイカのソース］
　ホタルイカ　8〜10杯
　蕗の薹　16g
　ミニトマト　80g
　ショウガ　2かけ
　アンチョビフィレ　½枚
　レモン果汁　10g
　バター(無塩)　80g
　塩　適量

— 作り方

1　蕗蕗の薹とホタルイカのソースを作る。小鍋が入る程度の大きなボウルに氷水を用意する。蕗の薹は粗みじんに切る。ミニトマトは5mm角に切り、ショウガはすりおろす。アンチョビフィレは叩いてペースト状にする。

2　小鍋にバターを入れ、弱火にかける。木ベラで鍋底をかき混ぜながら加熱を続けると、泡が細かなムース状に変化し、鍋底の沈殿物が茶色に色づくのでそのタイミングですぐに火から下ろし、氷水に鍋底を浸け、レモン果汁を加え、温度を下げて加熱を止める。ペースト状にしたアンチョビフィレ、蕗の薹、ミニトマト、ショウガ、ホタルイカを加えて塩で味を調える。

3　ホワイトアスパラガスは皮をむき、根元1cmを切り落とす。皮と切り落とした根元は取り置く。

4　鍋に水を入れ、取り置いた部分を加えて沸かしてホワイトアスパラガスを茹でる。茹で上がったら、ホワイトアスパラガスだけを引き上げ、バットに移し、塩適量(分量外)をふる。

5　盛りつける。皿にホワイトアスパラガスを盛り、温め直したソースを回しかける。

printemps

牡蠣とホワイトアスパラガスのソテー、ブルーチーズ添え

主役を張れる春野菜の代表がホワイトアスパラガス。
しっとりとしたオフホワイトのホワイトアスパラガスに
主張の強い牡蠣とブルーチーズのソースを合わせたインパクトの強いひと皿。
コクのある辛口の白ワインとぜひ合わせてもらいたいです。

recette

— 材料（2皿分）

ホワイトアスパラガス　3本
牡蠣＊　3個
バター(無塩)　50g
レモン　1/4個
ブルーチーズ　適量
黒胡椒　適量

＊むき身を使ってもよい。

— 作り方

1　ホワイトアスパラガスは皮をむき、根元1cmを切り落とす。牡蠣は殻から身を取り出す。

2　フライパンにバター、ホワイトアスパラガス、牡蠣を入れ、弱火にかける。スプーンでバターをかけながらホワイトアスパラガスと牡蠣をゆっくりソテーする。バターが茶色く色づき、ホワイトアスパラガスに火が入ったらレモンを搾りかける。

3　盛りつける。皿にホワイトアスパラガスを盛って牡蠣をのせ、フライパンに残ったバターソースを回しかける。黒胡椒をふり、崩したブルーチーズをあしらう。

printemps

クレソンのスープ

苦みのあるクレソンのスープ。
ジャガイモと一緒に煮込むことで、味わいに深みが出ます。
ヴィーガン仕様にしたい場合は、バターをオリーブオイルに変えて
鶏のブイヨンを野菜またはヴィーガン・ブイヨンに置き換えてください。

recette

― 材料（4〜6皿分）

クレソン　70g
ジャガイモ　100g
タマネギ　100g
鶏のブイヨン（P.188参照）＊　150mℓ
水　400mℓ
塩　適量
黒胡椒　適量
バター（無塩）　適量
EXVオリーブオイル　適量
松の実　適量

＊野菜のブイヨン（P.188参照）またはヴィーガン・ブイヨン（P.189参照）を使ってもよい。

― 作り方

1　クレソンは葉を軸から外し、飾り用に少し取り置く。軸の部分は粗みじん切りにする。ジャガイモとタマネギはスライスする。

2　鍋にバター、ジャガイモ、タマネギを入れ、弱火でしんなりするまでじっくり10分ほどソテーする。刻んだクレソンの軸を加えてさらに1分ソテーする。

3　鶏のブイヨンと分量の水を加え、中火にかけて沸騰させる。1のクレソンの葉を加え、再度沸騰させる。ブレンダーで滑らかになるまで撹拌し、塩と黒胡椒で味を調える。

4　盛りつける。器に温めたスープをよそい、オリーブオイルを流し、松の実と飾り用に取り置いたクレソンをあしらう。

printemps

春野菜の温かいサラダ、
黄パプリカソースとシェーブルチーズ添え

緑色の野菜と黄色いパプリカソースの組み合わせが美しいひと皿。
フランスのアンティークなどでもよく見かける、
青い絵付けの皿に盛りつけると、映えると思います。
パプリカソースは火を入れることで生まれるジュースを利用します。
白身魚などと合わせても美味しいです。
味のアクセントにシェーブルチーズにエルヴ・ド・プロバンスをふり、
バーナーで炙ったものを添えます。
この炙ったシェーブルチーズはトーストなどにのせても美味しく、
円柱状のサントモール・ドゥ・トゥレースなどがこの用途に向いています。

recette

— 材料（2皿分）

グリーンアスパラガス　4本
スナップエンドウ　4本
空豆　4本
グリーンピース　4本
菜の花　4本
［黄パプリカソース］(作りやすい分量)
　パプリカ(黄)　2個
　塩　適量
　黒胡椒　適量
　EXVオリーブオイル　適量
　レモン果汁　適宜
シェーブルチーズ　適量
エルヴ・ド・プロヴァンス　適量
塩　適量
EXVオリーブオイル　適量
マイクロバジル　適量

— 下準備

・焼くタイミングに合わせ、オーブンを180℃に予熱する。

— 作り方

1　黄パプリカソースを作る。パプリカの表面にオリーブオイルを塗り、パプリカのジュースが漏れないように丁寧にアルミホイルで包み、180℃に温めたオーブンに入れ、40分ほど焼く。パプリカが完全にやわらかくなっていたらボウルの上にザルを重ね、その上でパプリカの種を取る。アルミホイルの中に残ったジュースは捨てないでボウルに溜めるようにする。身とジュースはブレンダーで滑らかになるまで撹拌する。塩と黒胡椒で味を調え、好みでレモン果汁少量を加える。

2　グリーンアスパラガスは根元1cmを切り落とし、全体の下¼程度の皮をピーラーでむく。スナップエンドウは筋を取る。空豆とグリーンピースはさやを外す。スナップエンドウ、空豆、グリーンピース、菜の花を別々に茹で、塩を軽くふる。

3　グリーンアスパラガスはオリーブオイルを塗って直火で炙り、火が通ったら塩をふる。

4　シェーブルチーズは5〜8mm厚さに切り、エルヴ・ド・プロヴァンスとオリーブオイルをふり、バーナーで炙る。

5　盛りつける。皿に黄パプリカソースを流し、炙ったグリーンアスパラガス、茹でた豆類を散らしてシェーブルチーズを添え、マイクロバジルをあしらう。

printemps

グリーンピースと空豆、黄パプリカソースとトマトクラリフェのジュレ

まさに春から初夏をイメージしたひと皿。
黄色のパプリカソースやクリアなトマトのジュレを合わせることで、
透明感があって軽い仕上がりながらも、
野菜の奥深い上品な旨みを味わえる一品です。

― recette ―

― 材料（2皿分）

[グリーンピースと空豆のサラダ]
- グリーンピース　4〜5本
- 空豆　2本
- レモン果汁　小さじ1
- ミントの葉　8枚
- バジルの葉　2枚
- 塩　適量
- 黒胡椒　適量
- EXVオリーブオイル　適量

[グリーンピースのムース]
- グリーンピース*　120g（正味）
- 板ゼラチン　グリーンピースと生クリームの重さの1.6％
- 生クリーム　30g
- 塩　適量

[トマトクラリフェのジュレ]
- トマトクラリフェ（P.194参照）　100g
- 板ゼラチン　トマトクラリフェの重さの1.6％
- 塩　適量

黄パプリカソース（P.35参照）　大さじ6

*ムースのグリーンピースは冷凍のものを使ってもよい。その場合は茹でる工程は不要。

― 作り方

1　グリーンピースと空豆のサラダを作る。グリーンピースと空豆はさやを外し、それぞれ別々に茹でて冷水に取る。冷めたら水気をきっておく。空豆は薄皮をむく。グリーンピースと空豆をボウルに入れて塩と黒胡椒をふり、ミントとバジルのみじん切りにして加え、レモン果汁とオリーブオイルを加えて混ぜる。

2　グリーンピースのムースを作る。グリーンピースはさやを外して茹でる。すぐに冷水に取り、完全に冷えたらペーパータオルで水気を取る。ブレンダーで滑らかになるまで撹拌する。かたいようなら水を適宜加えて調整する。

3　2と生クリームの総重量を量り、1.6％の重さの板ゼラチンを氷水でふやかす。グリーンピースのピュレの一部を取り、小鍋にふやかしたゼラチンと一緒に弱火にかけ、ゼラチンを溶かす。残りのグリーンピースのピュレを加え、ゼラチンをグリーンピースのピュレ全体に溶かし込む。生クリームを10分立てにし、鍋に加えてゴムベラを使って混ぜる。味を見て必要ならば塩で味を調え、冷蔵庫で冷やしかためる。

4　トマトクラリフェのジュレを作る。トマトクラリフェの重さを量り、1.6％の重さの板ゼラチンを氷水でふやかす。ゼラチンがやわらかくなったら、トマトクラリフェ大さじ2とともに小鍋に入れ、弱火にかけてゼラチンを溶かす。味を見て必要ならば塩で味を調え、冷蔵庫で冷やしかためる。

5　盛りつける。グリーンピースのムースを同じ形のスプーンを2本使ってクネル状にして盛り、グリーンピースと空豆のサラダを添え、トマトクラリフェのジュレと黄パプリカソースを流す。

printemps

焼きナスともろみ味噌、山椒オイルがけ

焼き上がったばかりの熱々の焼きナスに、
もろみ味噌をのせると最高に美味しいごはんのおともに。
またナスは油とも相性のよい食材です。
今回は山椒の香りをのせたオイルをアクセントに加えました。
この山椒オイルは魚介にかけたり、ドレッシングとして使ったり、
さまざまな使い道があります。

recette

― 材料（2皿分）

長ナス　2本
［山椒オイル］（作りやすい分量）
　木の芽　8g
　サラダ油　200g
　レモン果汁　10g
　塩　適量
レモン果汁　適量
もろみ味噌　大さじ2
塩　適量
木の芽　適量

― 作り方

1　山椒オイルを作る。木の芽、サラダ油、レモン果汁、塩を合わせてブレンダーで滑らかになるまで撹拌する。味を見て必要であれば塩で味を調える。

2　長ナスは網にのせ、直火で焼く。ナスの表面が真っ黒に焼け、ナスがやわらかくなったら皮をむき、軽く塩をふって下味をつけ、レモン果汁をかける。

3　盛りつける。皿に山椒オイルを流して焼いたナスを盛り、その上にもろみ味噌をのせて木の芽をあしらう。

printemps

茹でた筍とうずらの卵、ピペラード添え

ピペラードは、フランス南部とスペインにまたがるバスク地方の郷土料理。
生ハムと赤ピーマン、トマトをクタクタになるまで煮込んだものです。
卵との相性は抜群で、今回は旬の和食材である筍を合わせ、
春の香りと食感をプラスします。

recette

— 材料（2皿分）

筍　小1本
うずらの卵　2個
［ピペラード］（作りやすい分量）
　生ハム　35g
　ミニトマト　24個
　ピーマン（赤）　10個（500g）
　ニンニク　2かけ
　ピメント・デスペレット（または一味唐辛子）＊
　　2〜2.5g
　グレス・ド・オア（またはEXVオリーブオイル）＊＊
　　大さじ3
米ヌカ　適量
黒糖　適量
塩　適量

＊バスク地方の辛いピーマンの粉末。一味唐辛子で代用できるが、辛さが違うので、使う量に気をつけて辛くなり過ぎないように注意する。
＊＊ガチョウの脂肪。

— 下準備

- 筍は先端を斜めに切り落とす。
  鍋に湯を沸かし、米ヌカ、黒糖、塩を加え、皮ごと茹でる。
  45分ほど茹でたら火を止め、そのまま茹で汁に浸けたまま冷やす。
  冷えたら皮をむいておく。

— 作り方

1 ピペラードを作る。ニンニクは潰し、ミニトマトはヘタを取る。ピーマンは種を取り、4〜6等分の大きさに切り分ける。生ハムは細かく刻む。蓋付きの深めのフライパンまたは鍋にグレス・ド・オア、潰したニンニク、刻んだ生ハムを入れて弱火にかける。

2 香りが立ったら取り出し、ミニトマトとピーマンを加え、蓋をして弱火で火を通す。ニンニクは取り置く。

3 ときどきかき混ぜながら45分ほど加熱する。取り置いたニンニクをみじん切りにして鍋に戻し入れ、マッシャーなどでトマトを潰す。

4 ピメント・デスペレットを加え、蓋を外した状態で再び弱火にかけ、余分な水分を飛ばす。焦げつかないようにときどき木ベラでかき混ぜながら全体がとろりとしたペースト状にし、味を見て必要ならば塩（分量外）で味を調える。

5 うずらの温泉卵を作る。うずらの卵を68℃前後の湯で5分ほど茹で、注意深く殻をむく。

6 盛りつける。皿にピペラードを盛り、半分に切った筍とうずらをのせる。

printemps

赤タマネギのアグロ・ドルチェ、鰹とブラックベリー

アグロ・ドルチェとはイタリアンの調理法で、
フランス語ではエーグル・ドゥーと呼ばれます。
甘酸っぱいという意味で、酢と砂糖を使って調理するものです。
赤タマネギやパプリカをこのアグロ・ドルチェに仕立てるのがとてもポピュラーです。
今回は赤タマネギのアグロ・ドルチェに鰹とブラックベリーを合わせていますが、
ほかの新鮮な魚介を合わせても美味しいです。
ブラックベリーが手に入らなければ、ブルーベリーやイチゴでも美味しく仕上がります。

recette

── 材料（2皿分）

鰹（柵） 130g
［赤タマネギのアグロ・ドルチェ］（作りやすい分量）
　赤タマネギ 250g
　赤ワインビネガー 200g
　グラニュー糖 25g
　塩 4g
　水 100g
塩 適量
EXVオリーブオイル 適量
ブラックベリー 適量
紫芽 適量

── 作り方

1　赤タマネギのアグロ・ドルチェを作る。赤タマネギはスライスする。小鍋に赤タマネギ、赤ワインビネガー、グラニュー糖、塩、分量の水を入れて強火にかけ、沸騰しかけたら火を止め、そのまま冷ます。冷蔵庫で1週間保存可能。ほかの料理の付け合わせなどにしても。

2　鰹は1cm弱程度の厚さの刺身に切り、塩とオリーブオイルで下味をつける。

3　盛りつける。皿に赤タマネギのアグロ・ドルチェを盛り、鰹の刺身をのせてブラックベリーと紫芽をあしらう。

printemps

パプリカのアグロ・ドルチェ、稚鮎のフリット

アグロ・ドルチェで仕上げる野菜は、赤タマネギのほか、パプリカもポピュラー。
赤タマネギ同様（P.39）、ビネガーと砂糖でさっと煮る方法もありますが、
今回はもう少しコクと味わいに深みを出すために、
糖分をまとったパプリカを少し香ばしくキャラメリゼします。
フランス料理でいう南蛮漬け、エスカベッシュのような味わいの一品ですが、
エスカベッシュのように小魚をパプリカと一緒に煮ていないので、サクッとした食感。
フリットは米粉と氷水を使うことで、カリッとした食感に仕上げるのがコツ。
稚鮎のフリットは仕上げにカレー粉を隠し味にふっても美味しいです。

recette

— 材料（2皿分）

稚鮎　8尾
[パプリカのアグロ・ドルチェ]
　パプリカ(黄・赤)　各1個
　赤ワインビネガー　60g
　グラニュー糖　25g
　EXVオリーブオイル　適量
　塩　適量
　黒胡椒　適量
[衣]
　米粉　40g
　強力粉　40g
　コーンスターチ　10g
　ベーキングソーダ　4g
　冷たい炭酸水　120㎖
塩　適量
揚げ油　適量
カレー粉　適宜

— 作り方

1　パプリカのアグロ・ドルチェを作る。パプリカは種を取り、1㎝幅に切る。フライパンにオリーブオイルを引いてパプリカを加える。塩をふり、強火で焼き色をつけるようにソテーする。パプリカに歯応えが残る程度で赤ワインビネガーとグラニュー糖を加える。さらに強火で火を入れ続け、パプリカがしんなりやわらかくなったら火を止める。冷蔵庫で1週間は保存可能。ほかの料理の付け合わせなどにしても。

2　稚鮎のフリットを作る。鍋に揚げ油を入れ、170℃に温める。ボウルに衣の材料を入れて混ぜる。鮎に塩を軽くふり、衣にくぐらせて温めた油でカリッとするまで揚げて油をきる。

3　盛りつける。皿にパプリカのアグロ・ドルチェを盛り、稚鮎のフリットをのせる。好みでカレー粉をふってもよい。

printemps

鯵のスモークと焦がしたイチゴ、ピストゥーソース

ピストゥーソースとはフランス料理のバジルとパセリを使ったソースのこと。
チーズや松の実、ニンニクを加える作り方もありますが、
ここではシンプルにハーブとニンニクだけを加えて作っているので、
さまざまな料理にアレンジしやすいです。
このレシピではチーズや松の実を加えていないので、
一度ニンニクのコンフィを作ってからソースに加えています。
イチゴを炙ってアクセントをつけた上にスモークした鯵をのせます。

---

recette

― 材料（2皿分）

［鯵のスモーク］
- 鯵（3枚おろし）　1尾
- スモークチップ（桜など）　ひとつかみ
- 塩　適量
- EXVオリーブオイル　適量

［ピストゥーソース］（作りやすい分量）
- アンチョビフィレ　1枚（ペースト状に叩く）
- バジルの葉　2パック分
- イタリアンパセリの葉　2パック分
- ニンニク　大1かけ
- レモン果汁　大さじ1
- レモンの皮　少々（削る）
- 塩　適量
- EXVオリーブオイル　適量

- イチゴ　6個
- マイクロ香菜（またはマイクロバジル、ディル）　適量

― 作り方

1　ピストゥーソースを作る。小鍋にニンニクとニンニクが浸る程度のオリーブオイルを入れる。オイルが沸騰するかしないかのギリギリの温度で10分ほどニンニクが完全にやわらかくなるまで火を通す。やわらかくなったニンニクは常備食材として保存できるので、一度にある程度の量を仕込んでおくのがおすすめ。ニンニクの香りが移ったオイルもガーリックオイルとして活用できる。保存の際はオイルごと容器に移し、冷蔵庫に。

2　1のニンニク、ペースト状にしたアンチョビフィレ、イタリアンパセリとバジル、レモン果汁、レモンの皮、オリーブオイル適量をブレンダーで滑らかになるまで撹拌する。味を見て必要ならば塩を加えてさらに撹拌する。

3　鯵のスモークを作る。鯵は塩をふり、皮目にオリーブオイルを塗る。皮目を下にして網にのせる。スモーク用のフライパンまたは鉄鍋にアルミホイルを敷き、スモークチップを広げて火にかける。煙が立ち昇ってきたら火を止め、鯵をのせた網を入れて蓋をするか、ボウルを被せて煙を充満させる。そのまま5分ほど置き、スモークの香りが鯵に移ったら完成。スモークした鯵は冷やすとカットしやすくなるため、一度冷蔵庫で冷やす。冷えたら食べやすい大きさにカットする。

4　イチゴはヘタを取り、3mm厚さに切り、バットに並べる。バーナーで炙って焦げ目をつけ、さらに火が入らないようにボウルに移し、塩（分量外）を軽くふる。

5　盛りつける。皿にピストゥーソースを流し、食べやすい厚さにそぎ切りした鯵を盛り、マイクロ香菜をあしらう。

printemps

真鯛のカルパッチョ、イチゴサルサとザクロ

イチゴの季節によく作る料理です。イチゴはデザートだけでなく、
爽やかさと酸味をプラスする食材として料理にも活躍できます。
イチゴを使ったドレッシングやソースは
さまざまなバリエーションが考えられますが、
トマトクラリフェを合わせることで、旨みが加わり、
とてもバランスのよいサルサになります。
イチゴだけでなく柑橘やキウイフルーツ、プラムなど、
旬の美味しいフルーツでサルサを作ることができます。

---

recette

― 材料（2皿分）

真鯛（柵）　¼尾分
ザクロの実　¼個分
［イチゴサルサ］
　イチゴ　⅓パック
　エシャロット　1個
　青唐辛子　1本
　ニンニク　½かけ
　ライム果汁　¼個分
　トマトクラリフェ(P.194参照)　大さじ2
　塩　適量
紫芽　適量
花穂紫蘇　適量
塩　適量
EXVオリーブオイル　適量

― 作り方

1　イチゴサルサを作る。イチゴはヘタを取り、5mm角に切る。エシャロットはみじん切りにし、30分ほど水に放って辛みを抜く。辛みが抜けたら水気をきっておく。青唐辛子は種を取って極細かいみじん切りにし、ニンニクはすりおろす。

2　ボウルに1、ライム果汁、トマトクラリフェを入れて混ぜ、塩で味を調える。

3　真鯛は水気をふいてオリーブオイルを全体に塗り、バーナーで表面を軽く炙る。真鯛の味がサルサに負けないくらい強く感じられるようになる。

4　盛りつける。炙った真鯛を3〜5mm幅のそぎ切りにして軽く塩をふり、皿に盛る。イチゴサルサをかけ、ザクロの実、紫芽、花穂紫蘇をあしらう。

― 下準備

- 真鯛は塩を均等にふり、2時間以上置いて締めておく。
- ザクロは殻から実を外し、水を張ったボウルに放つ。殻をきれいに取り、余分な水分をペーパータオルで取る。

printemps

ダメージイチゴのソースと
スプーンですくって食べるチーズケーキ

ダメージイチゴ？
まったく美味しそうに聞こえないかもしれませんが、これが本当に美味しいのです。
これは店でもよく使うテクニックで、僕がダメージイチゴと呼んでいるので、
うちのスタッフも皆、このソースをダメージイチゴと呼んでいます。
イチゴは砂糖と一緒に湯煎にかけて加熱すると、
熱によりダメージを受け、自らジュースを出します。
そのジュースに砂糖が溶けてソースとなるのです。
水を一切加えないので、イチゴの風味が詰まった香り高いソースになります。
チーズケーキもクリームチーズにグラニュー糖とレモン果汁を加え、よく混ぜて冷やすだけ。
それをスプーンですくって器に盛り、ダメージイチゴのソースをかけます。
好みでグラノーラなど、何か食感を加えても。
とにかくテレビを見ながらでも作れてしまう、お手軽なのに超美味なデザートです。

recette

― 材料（4皿分）

［ ダメージイチゴのソース ］
　イチゴ　300g
　グラニュー糖　60g
［ チーズケーキ ］
　クリームチーズ　200g
　サワークリーム　50g
　グラニュー糖　60g
　レモン果汁　30g
ミントの葉　適量

― 作り方

1　ダメージイチゴのソースを作る。大きな鍋に湯を沸かす。イチゴとグラニュー糖をボウルに入れ、ボウルの底を湯煎にかける。途中湯がなくなりそうになったら、水を適宜足して湯煎を継続する。火が強過ぎると、沸騰した湯がボウルに入ってしまうことがあるので注意する。火の強さや、途中水を足したか否かなどで変わるが、20分ほどするとイチゴから果汁が出てくる。さらに湯煎を続け、イチゴの表面の色素が抜けて赤からピンク色に変わるまで湯煎にかける。フォークかスプーンで軽くイチゴを潰し、冷蔵庫で冷やす。

2　チーズケーキを作る。クリームチーズをラップで包み、600Wの電子レンジで2～3分加熱してクリームチーズをやわらかくする。ボウルに入れ、サワークリーム、グラニュー糖、レモン果汁を加え、泡立て器で滑らかになるまでよく混ぜる。クリームチーズが滑らかになったら、冷蔵庫で冷やす。

3　盛りつける。クリームチーズが冷えて少しかたくなったら、スプーンですくって器によそい、ダメージイチゴのソースをかけてミントを散らす。

printemps

芽キャベツとグリーンピースのニョッキ、クリームソース

この料理をまとめているのは実はベーコンです。
ニョッキに使われているグリーンピースとジャガイモ、
一緒にソテーしている芽キャベツ、どれもベーコンとの相性が抜群の野菜です。

recette

―― 材料（2〜3皿分）

[グリーンピースのニョッキ]
 ジャガイモ　小2個（200g）
 グリーンピース　100g（正味）
 強力粉　グリーンピースとジャガイモの
  重さの35％
 卵黄　1個
 パルミジャーノ・レッジャーノ　15g（削る）
 塩　2〜3g
[クリームソース]
 ベーコン（ブロック）　60g
 芽キャベツ　8個
 ニンニク　1かけ
 白ワイン　50㎖
 生クリーム　200g
 バター（無塩）　20g
塩　適量
黒胡椒　適量
イタリアンパセリの葉　適量

―― 作り方

1　グリーンピースのニョッキを作る。ジャガイモは完全にやわらかくなるなで茹で、熱いうちに皮をむいて裏漉しする。グリーンピースはさやを外し、完全にやわらかくなるまで茹で、冷水に取る。グリーンピースが冷えたら同様に裏漉しする。

2　裏漉ししたジャガイモとグリーンピースの重さを量り、その重さの35％の強力粉を準備する。ボウルに強力粉、裏漉ししたジャガイモとグリーンピースを合わせる。

3　2に卵黄、パルミジャーノ・レッジャーノ、塩を入れて捏ねる。生地を棒状にのばし、包丁またはスケッパーなどを使い、食べやすい大きさに切り分ける。切り分けた生地を丸め、フォークの背などを使ってソースが絡みやすいように凹凸をつけておく。この状態で冷凍保存が可能。

4　鍋に湯を沸かす。湯に対して塩1％を加え、ニョッキを茹でる。ニョッキの大きさにもよるが、茹で時間はだいたい3分前後。ニョッキが湯の中で浮き上がり始めたら、すくい上げ、氷水に取る。ニョッキが完全に冷えたら、ペーパータオルを敷いたバットに取り、余分な水気を取る。

5　クリームソースを作る。芽キャベツは半分に切る。ニンニクはスライスする。ベーコンは2cm角の拍子木切りにする。フライパンにバターを溶かし、ニンニク、ベーコン、芽キャベツを加え、蓋をして弱火でソテーする。白ワインを加え、蓋をして3分ほど加熱し、生クリームを加えてさらに5分ほど蓋をして加熱する。芽キャベツに火が通ったら、グリーンピースのニョッキを加えてさっと混ぜ、塩と黒胡椒で味を調える。

6　盛りつける。器にニョッキを盛り、クリームソースをかけて刻んだイタリアンパセリをあしらう。

printemps

芽キャベツのフリット、アンチョビマヨネーズ添え

芽キャベツは煮ても美味しいですが、揚げるとまた抜群に美味しくなります。
スナック感覚でパーティーの食卓にあると喜ばれる一品です。

recette

— 材料（2〜3皿分）

芽キャベツ　10個
［ アンチョビマヨネーズ ］(作りやすい分量)
　卵黄　1個
　アンチョビフィレ　1枚（ペースト状に叩く）
　ニンニク　1/2かけ（すりおろす）
　ディジョンマスタード　15g
　白ワインビネガー　10㎖
　サラダ油　180㎖
　塩　適量
揚げ油　適量

— 作り方

1　アンチョビマヨネーズを作る。ボウルに卵黄、ペースト状にしたアンチョビフィレ、ニンニク、ディジョンマスタード、白ワインビネガー、塩を入れて泡立て器でよく混ぜる。そこにサラダ油少量を加え、乳化させるようによく混ぜる。残りのサラダ油を4〜5回に分けて加え、味見をして必要ならば塩で味を調える。

2　鍋に揚げ油を入れて160℃に温め、ゆっくり芽キャベツに火を入れながら香ばしく揚げる。油をきり、塩（分量外）を軽くふる。

3　盛りつける。皿に芽キャベツのフリットを盛り、アンチョビマヨネーズを添える。

printemps

ラディッシュとスナップエンドウ、
フェタチーズのサラダ

スナップエンドウの甘みとさっぱりとしたラディッシュ。
涼しげな一品はサイドディッシュとして口休めに最適です。

recette

— 材料（2皿分）

スナップエンドウ　12本
ラディッシュ　3個
フェタチーズ　50g
カレードレッシング（P.192参照）　適量
ホワイトバルサミコ酢　適量
塩　適量
EXVオリーブオイル　適量

— 作り方

1　スナップエンドウは筋を取り、色よく茹でる。すぐに冷水に取り、ペーパータオルで水気を取り、斜め半分に切る。スナップエンドウに軽く塩をふって軽く下味をつけ、カレードレッシングで和える。

2　フェタチーズは食べやすい大きさに切り、ラディッシュはスライサーでスライスし、ホワイトバルサミコ酢で和える。

3　盛りつける。皿にスナップエンドウ、フェタチーズ、ラディッシュを盛り、仕上げにオリーブオイルを回しかける。

printemps

ラディッシュの葉のジェノヴェーゼ

ラディッシュの葉は使い道に困ります。
ですが、このラディッシュの葉で作るジェノヴェーゼは、
バジルで作る一般的なジェノヴェーゼよりも美味しいのではないかと思います。
もしたくさんのラディッシュが手に入ったら、
その葉は捨てずに、ぜひこのジェノヴェーゼのパスタを作ってみてください。
素晴らしい美味しさです。

recette

― 材料（2皿分）

リングイネ　180g
ラディッシュの葉　30g
ニンニク　1かけ
アンチョビフィレ　2枚（ペースト状に叩く）
パルミジャーノ・レッジャーノ　10g（削る）
塩　適量
黒胡椒　適量
EXVオリーブオイル　適量
レモン果汁　適宜

― 作り方

1　ニンニクはすりおろす。ラディッシュの葉、オリーブオイル、ペースト状にしたアンチョビフィレ、パルミジャーノ・レッジャーノ、ニンニクを合わせ、ブレンダーで滑らかになるまで撹拌する。

2　塩と黒胡椒で味を調え、好みでレモン果汁を加える。

3　リングイネを茹で、ラディッシュの葉のジェノヴェーゼソースとよく和える。

夏 ──

été

recette → p72

サーモンマリネとフェンネル、
　　プラムのブリニ

recette → p73

フェンネルとプラムの温かいサラダ

recette → p73

フェンネルと 2 種のグレープフルーツのサラダ

夏 été

recette → p74

アイスプラントとキウイフルーツ、モッツァレラ、紫蘇のサラダ

recette → p74

ズッキーニのマリネとパッションフルーツ、水きりヨーグルト

夏
été

recette → p75

recette → p75

トウモロコシとピスタチオ、
ズッキーニのボート

カレー風味のズッキーニフリット、
パルミジャーノのアクセント

recette → p76

ジャガイモのニョッキ、焦がしトマトソース

recette → p77

浅蜊と冬瓜、トウモロコシの蒸し煮

recette → p78

トウモロコシのガレット、香菜クリーム

夏 été

recette → p79

トウモロコシと雑穀を詰めたパプリカのロースト

夏 | été

recette → p80

豚肉のロースト、トウモロコシと黒ニンニクのピュレ

recette → p81

recette → p82

トウモロコシのスティック、メキシコ風

ワカモレとトルティヤチップス

夏 été

recette → p83

スモークドババガヌーシュとセミドライトマト、ピタパン

recette → p84

recette → p85

ナスのグリル、
サジキとセミドライトマト

フムスとナスのグリル、
ザクロのアクセント

夏 été

recette → p86

メロンとキュウリ、ブルサンチーズのサラダ

recette → p87

黄色いビーツとアンディーブ、ブルーベリー、
バジル、蕎麦の実、シェーブルチーズのサラダ

夏 été

recette → p88

recette → p89

夏野菜のグリル、ロメスコソース添え

砂肝のコンフィと香菜のサラダ

recette → p90

キュウリとアボカドの冷たいスープ

recette → p90

巨峰、水ナス、帆立貝のサラダ、
バジルヨーグルトソース

夏 été

recette → p91

丸ごとの桃と蟹のサラダ

recette → p92

桃のコンポート、ジュレとココナッツのアイスクリーム添え

夏
été

recette → p93

recette → p93

ブッラータ、プラムとブルーベリーの
スパイスソテー

サヤインゲンとオレンジ、アーモンドのサラダ、
焦がしタマネギとハニージンジャーのドレッシング

été

サーモンマリネとフェンネル、プラムのブリニ

ブリニとはそば粉で作った小さなパンケーキのこと。
もともとはロシアが発祥の料理ですが、
今ではヨーロッパをはじめとして広く知られています。
パンケーキというと、つい甘いものを想像しがちですが、
ブリニはデザートよりむしろセイボリーに仕立てることが多いです。
今回は相性のよいサーモンのマリネを合わせて、
瑞々しいフェンネルとプラムを加えます。
軽く、爽やかな軽食でブランチなどにもぴったりなひと皿。

recette

― 材料（4皿分）

[サーモンマリネ]
- サーモン（柵）* 200g
- レモンの皮 1個分（削る）
- ディル 6枝
- 塩 適量
- きび砂糖 小さじ½
- EXVオリーブオイル 適量

[ブリニ]
- そば粉 50g
- 薄力粉 50g
- 卵黄 1個
- 牛乳 100g
- バター（無塩） 10g
- 蜂蜜 3g
- 塩 ひとつまみ
- ドライイースト 2g
- 卵白 1個

フェンネル（株） 30〜40g
プラム 1個
サワークリーム 大さじ2½
ヴィネグレットドレッシング（P.190参照） 適量
レモンの皮 適量
オキザリス 適量

*市販のスモークサーモンを使ってもよい。

― 作り方

1 サーモンマリネを作る。サーモンは皮がある場合は皮を引き、骨を抜く。塩ときび砂糖をふり、オリーブオイルを塗り、ディルとレモンの皮をまぶす。ラップで包み、冷蔵庫でひと晩マリネする。

2 1をスライスし、味を見て必要であれば塩を軽くふり、オリーブオイルをかける。

3 ブリニを作る。バターは電子レンジで温めて溶かし、ボウルに入れる。卵白以外の材料を加えて混ぜ、ラップを被せて温かい場所で1時間ほど発酵させる。別のボウルに卵白を入れ、ハンドミキサーで泡立て、しっかり角が立つメレンゲを作る。発酵させた生地にメレンゲを加え、さっくり混ぜる。

4 ブリニを焼く。フライパンにバター（分量外）を溶かす。ブリニ生地（⅛量）をスプーンですくい、直径5cm程度に広げ、弱火で焼く。焼き色がついたら裏返して焼く。残りの生地も同様に焼く。

5 フェンネルは薄くスライスする。プラムは種を取り、3mm幅のくし形切りにする。ボウルに合わせて塩をふり、ヴィネグレットドレッシングで和える。

6 盛りつける。皿にブリニを1枚のせてサワークリームを塗る。サーモンマリネ、フェンネルとプラムを重ね、同様にしてもう1段重ねる。仕上げにレモンの皮を削り、オリーブオイル（分量外）を回しかけてオキザリスをあしらう。

été

フェンネルとプラムの温かいサラダ

フェンネルは生でも、火を入れても美味しい野菜。
ジューシーで甘酸っぱいプラムをドレッシング代わりに添えて、
ショウガとピンクペッパーを加えることで
エキゾチックな香りの温かいサラダに仕立てます。

recette

― 材料（2皿分）

フェンネル　1/3株
プラム　2個
ショウガ　2かけ
レモン果汁　適量
塩　適量
黒胡椒　適量
EXV オリーブオイル　適量
ピンクペッパー　適量
タラゴンの葉　適量
オキザリス　適量

― 作り方

1　フェンネルは5mm厚さの輪切りする。プラムは種を取り、4〜6等分のくし形切りにする。ショウガはスライスする。

2　フライパンにオリーブオイルとショウガを入れて中火にかける。ショウガの香りが立ったらフェンネルを加えて蓋をして蒸し焼きにする。片面に軽く焼き色がついたら裏返してプラムを加える。蓋はせずにフェンネルに焼き色をつける。

3　焼き上がったらフェンネルにレモン果汁をふり、塩と黒胡椒で味を調える。プラムにも塩を軽くふる。

4　盛りつける。温かいうちに皿に盛り、ピンクペッパーを潰しながら散らし、タラゴンとオキザリスをあしらう。

été

フェンネルと2種のグレープフルーツのサラダ

あっさりとしていて爽やかな風味のあるフェンネル。
スライサーで断面を見せるようにスライスすると見た目にも美しいです。
ホワイトバルサミコ酢との相性もとてもよく、塩とホワイトバルサミコ酢をかけるだけでも美味しくなります。
ここではグレープフルーツとハーブも加え、より瑞々しく、爽やかさを強調したサラダに仕立てます。

recette

― 材料（2皿分）

フェンネル　3/4株
グレープフルーツ
　（黄・ピンク）　各3/4個
［ドレッシング］（作りやすい分量）
　ディジョンマスタード　30g
　マーマレード　10g
　ホワイトバルサミコ酢　30g
　EXV オリーブオイル　70g
　レモン果汁　8g
　塩　3g

塩　適量
黒胡椒　適量
EXV オリーブオイル　適量
ディルの葉　2枝分
ミントの葉　適量

― 作り方

1　ドレッシングの材料をボウルに入れて混ぜる。

2　フェンネルは5mm厚さに切り、軽く塩をふって1のドレッシングで和える。グレープフルーツは果肉を薄皮から取り出し、軽く塩をふる。

3　盛りつける。皿にフェンネルとグレープフルーツを盛り、黒胡椒をふる。ディルとミントをあしらい、オリーブオイルを回しかける。

été

アイスプラントとキウイフルーツ、モッツァレラ、紫蘇のサラダ

シャクシャクッとした独特な食感の野菜、アイスプラント。
味わいはニュートラルでとてもあっさりとしています。
ここではキウイフルーツと紫蘇を合わせて緑色が美しい、
限りなくシンプルなサラダにします。

recette

―― 材料（2皿分）

- アイスプラント　1パック
- キウイフルーツ　1個
- 紫蘇　4枚
- モッツァレラチーズ（小）　16個
- ホワイトバルサミコ酢　大さじ½
- 塩　適量
- 黒胡椒　適量
- EXVオリーブオイル　適量

―― 作り方

1　アイスプラントは軽く塩をふり、ホワイトバルサミコ酢をかける。キウイフルーツは皮をむき、6等分のくし形切りにして軽く塩をふる。モッツァレラチーズにも軽く塩をふる。

2　盛りつける。皿にキウイフルーツ、アイスプラント、モッツァレラチーズを盛り、ちぎった紫蘇をあしらい、オリーブオイルを回しかけ、黒胡椒をふる。

été

ズッキーニのマリネとパッションフルーツ、水きりヨーグルト

ズッキーニを甘酸っぱくマリネすると今までにない味わいになり、
デザートにも使え、見た目も半透明になって美しいです。
ここでは黄色いズッキーニを使いますが、
緑色のズッキーニも同様のやり方で調理すると、
シックな色調になってきれいです。

recette

―― 材料（3皿分）

- パッションフルーツ　1個
- プレーンヨーグルト　500g
- ［ズッキーニのマリネ］
  - ズッキーニ（黄）　1本
  - レモン果汁　1½個分
  - 白ワイン　200㎖
  - 水　200㎖
  - グラニュー糖　40g
  - 塩　ひとつまみ
- ナスタチウムの葉　適量

―― 作り方

1　水きりヨーグルトを作る。ペーパータオルを敷いたザルをボウルに重ね、プレーンヨーグルトをポマード程度のかたさになるまで冷蔵庫に入れて水気をきる。

2　ズッキーニのマリネを作る。ズッキーニはスライサーで縦にスライスする。小鍋に白ワインを入れて沸かす。沸いたら弱火にしてから引火させ、アルコール分を完全に飛ばす。アルコール分が飛んだら、レモン果汁、分量の水、グラニュー糖、塩を加える。一度沸騰させてスライスしたズッキーニを加え、すぐに火を止めてそのまま冷やす。

3　盛りつける。皿に水きりヨーグルトを盛り、ズッキーニのマリネ、パッションフルーツの果肉をのせ、ナスタチウムをあしらう。

été

トウモロコシとピスタチオ、ズッキーニのボート

夏を代表する野菜、トウモロコシ、
ズッキーニ、トマトなどを使ったひと皿。
ピスタチオを加えることで、
コクと食感が生まれます。

recette

— 材料（4〜5皿分）

ズッキーニ　3本
トウモロコシ　1本
ピスタチオ　36g（正味）
焦がしトマトソース（P.195参照）
　大さじ3
卵白　½個
塩　適量
レッドソレル　適量

— 下準備

- 焼くタイミングに合わせ、オーブンを190℃に予熱する。

— 作り方

1　トウモロコシは茹で、芯から実を外して軽く塩をふる。

2　ズッキーニの表面にオリーブオイル（分量外）を塗り、アルミホイルで包んで190℃に温めたオーブンで15分ほど焼く。焼いたズッキーニを縦半分に切る。スプーンで身をくり抜き、取り置く。

3　ボウルに2の身、ピスタチオ、焦がしトマトソース、卵白を入れ、フードプロセッサーで滑らかになるまで撹拌する。塩で味を調え、トウモロコシを加えてさっくり混ぜる。

4　焼いたズッキーニに軽く塩をふって下味をつけ、くり抜いたところに3を盛り、220℃に温度を上げたオーブンで5〜10分、軽く焼き色がつくまで焼く。

5　盛りつける。皿に盛り、レッドソレルをあしらう。

été

カレー風味のズッキーニフリット、パルミジャーノのアクセント

ズッキーニは揚げても美味しい夏野菜。
パルミジャーノとカレー粉を使って、
クセになってしまうような味わいに仕上げます。
パーティーの一品に、ビールのおつまみにぜひ。

recette

— 材料（3皿分）

ズッキーニ　2本
［衣］
　米粉　50g
　強力粉　50g
　コーンスターチ　15g
　ベーキングソーダ　6g
　マヨネーズ　6g
　パルミジャーノ・レッジャーノ　15g（削る）
　塩　ひとつまみ
　カレー粉　適量
　冷たい炭酸水　170mℓ
揚げ油　適量

— 作り方

1　衣を作る。ボウルにすべての材料を入れ、さっくり混ぜる。

2　ズッキーニは半分の長さに切り、さらに4等分のくし形切りにする。

3　鍋に揚げ油を170℃に温める。ズッキーニを衣にくぐらせ、温めた油でこんがりするまで揚げる。油をきり、皿に盛って軽く塩とカレー粉（ともに分量外）を軽くふる。

été

ジャガイモのニョッキ、焦がしトマトソース

ジャガイモのニョッキとトマトソースのとてもシンプルな料理。
シンプルがゆえに各パーツは丁寧に作りたいところです。
ジャガイモのニョッキはとにかくジャガイモが熱いうちに手早く作ることが重要です。
ジャガイモの温度が下がってくると生地に粘りが出てベトベトになってしまい、
打ち粉をたくさん使うことになり、ジャガイモの味わいが薄れてしまいます。

recette

― 材料（3〜4皿分）

[ジャガイモのニョッキ]
　ジャガイモ　3個（520g）
　強力粉　ジャガイモの重さの35％
　卵黄　1個
　パルミジャーノ・レッジャーノ　25g（削る）
　塩　5g
焦がしトマトソース（P.195参照）　適量
EXVオリーブオイル　適量

― 下準備

- 焼くタイミングに合わせ、オーブンを190℃に予熱する。

― 作り方

1　ジャガイモのニョッキを作る。ジャガイモは洗ってアルミホイルで包み、190℃に温めたオーブンで串が簡単にすっと刺さるようになるまで30分ほど焼く。もしかたいようだったら、オーブンに戻してさらに焼く。オーブンの代わりに電子レンジを使用してもよい。ジャガイモに火が入ったら熱いうちにすぐに皮をむく。熱いうちに素早く裏漉しする。マッシャーで潰すだけでもよい。

2　ジャガイモの重さを量り、その重さの35％の強力粉を準備する。ボウルにジャガイモ、強力粉、卵黄、パルミジャーノ・レッジャーノ、塩を入れて軽く捏ねて生地をひとつにまとめる。もし水分が多いようだったら、強力粉（分量外）を適宜加える。

3　2を棒状にのばし、それを包丁またはスケッパーなどを使って食べやすい大きさに切り分ける。切り分けた生地を丸め、フォークの背などを使ってソースが絡みやすいように凹凸をつけておく。この状態で冷凍保存が可能。

4　鍋に湯を沸かす。湯に対して塩1％（分量外）を加え、ニョッキを茹でる。ニョッキの大きさにもよるが、茹で時間はだいたい3分前後。ニョッキが湯の中で浮き上がり始めたら氷水に取り、ペーパータオルを敷いたバットの上で水気を取る。

5　4にオリーブオイルを回しかけてニョッキ同士がくっつかないようにコーティングする。テフロン加工のフライパンにオリーブオイルを引き、ニョッキを中弱火でソテーする。ニョッキが温まったら焦がしトマトソースを加えて絡め、沸いたら火を止める。

été

浅蜊と冬瓜、トウモロコシの蒸し煮

「冬の瓜」と書きますが、実は夏が旬の冬瓜。
冬瓜はとても淡白であっさりとした味わいを持つ野菜ですが、
ほかの食材と一緒に煮込むと、その風味が冬瓜に染み込みます。
もちろんだしと一緒に煮込んでも美味しいですが、
ここでは浅利の白ワイン蒸しを作り、
そのとき出るスープを利用した一品です。

recette

— 材料（2皿分）

浅蜊　15〜20個
冬瓜　150g
トウモロコシ　1本
ニンニク　2かけ
鷹の爪　2本
黒糖　2つまみ
白ワイン　100㎖
EXVオリーブオイル　適量
塩　適量
香菜の葉　2枝分

— 下準備

- 浅利は3%の塩水に浸けて冷蔵庫などの冷暗所に1時間以上置き、砂抜きする。

— 作り方

1　冬瓜は皮をむき、食べやすい大きさに切る。トウモロコシの実は芯から外し、ニンニクはスライスする。

2　鍋にオリーブオイルを引き、ニンニク、鷹の爪、黒糖を弱火でソテーする。香りが立ってきたら浅蜊を加えて白ワインを回しかけ、蓋をして中火にする。浅蜊の口が開いたら、浅蜊だけ取り出す。

3　同じ鍋に冬瓜とトウモロコシの実を加え、水450㎖を加える。

4　蓋をして中弱火にして冬瓜に串がすっと刺さる程度になるまで10分ほど加熱する。

5　浅利を鍋に戻し、味見をして必要であれば塩で味を調える。

6　盛りつける。器に盛り、香葉を散らす。

été

トウモロコシのガレット、香菜クリーム

ちょっとしたスナック感覚で、美味しくつまめる一品です。
トウモロコシの甘みとシャキシャキプチプチした食感が楽しめます。
トウモロコシに香菜を加えたクリームをガレットにのせることで、
一気に中南米を思わせるような南国のニュアンスのひと皿に生まれ変わります。

recette

— 材料（2皿分）

［トウモロコシのガレット］
トウモロコシ　150g（正味）
強力粉　20g
パルミジャーノ・レッジャーノ
　またはグラナパダーノ　15g（削る）
全卵　1個（卵黄と卵白に分ける）
クミンシード　2g
塩　適量
黒胡椒　適量
バター（無塩）　20g
［香菜クリーム］
サワークリーム（またはクリームチーズ）　40g
生クリーム　80g
香菜　1束（20g）
塩　適量
ライム　適量

— 作り方

1　トウモロコシのガレットを作る。トウモロコシは包丁で実を芯から外す。フライパンにバターを入れて中火で溶かす。トウモロコシの実とクミンシード、塩、黒胡椒を加え、シャキシャキとした食感は残すようにソテーする。ソテーしたトウモロコシの実をボウルに入れ、強力粉とパルミジャーノ・レッジャーノ、卵黄を加えて混ぜる。

2　別のボウルに卵白を入れ、ハンドミキサーまたは泡立て器で角が立つ程度に泡立ててメレンゲにする。1のボウルにメレンゲを加えてさっくり混ぜる。フライパンにサラダ油を引き、生地（1/6量）をスプーンですくい、直径4〜5cmの大きさに広げ、蓋をして弱火で焼く。焼き色がついたら、ひっくり返して焼く。残りの生地も同様に焼く。

3　香菜クリームを作る。香菜は茎の部分も葉の部分もすべてみじん切りにする。ボウルにサワークリーム、生クリーム、香菜を入れて混ぜ、塩で味を調える。

4　盛りつける。皿にガレットを3枚盛り、その上に香菜クリーム半量をのせ、ライムを添える。

été

トウモロコシと雑穀を詰めたパプリカのロースト

夏の旬野菜を詰め込んだ、ヴィーガンの方にも楽しんでいただける
食べ応えのある一品を紹介します。
材料にあるスペルト小麦が手に入らない場合は、
ブルガーや五穀米、キヌア、お好きな雑穀で代用してください。

recette

— 材料（3皿分）

パプリカ（好みの色で）　3個
[詰め物]
　スペルト小麦　60g
　トウモロコシ　1本
　赤タマネギ（または普通のタマネギ）　½個
　マッシュルーム　4個
　ミディトマト　5〜6個
　ニンニク　½かけ
　バジルの葉　20枚
　ピメント・デスペレット（または一味唐辛子）*
　　4〜5つまみ
　塩　適量
　黒胡椒　適量
　EXVオリーブオイル　適量

＊バスク地方の辛いピーマンの粉末。一味唐辛子で代用できるが、辛さが違うので、使う量に気をつけて辛くなり過ぎないように注意する。

— 下準備

・焼くタイミングに合わせ、オーブンを200℃に予熱する。

— 作り方

1　詰め物を準備する。鍋にたっぷりの水と塩ひとつまみ、スペルト小麦を入れる。中火にかけ、湯が沸いたら弱火にして、ときどきアクを取りながら、15分ほど茹でる。水が足りなくなったら適宜足し、茹で上がったらザルに上げて水気をきる。

2　トウモロコシは包丁で芯から実を外し、赤タマネギ、マッシュルーム、ミディトマトは5mm角に切る。ニンニクはみじん切りにし、バジルはせん切りにする。

3　フライパンにオリーブオイルを引き、赤タマネギを中弱火で1分ほど軽くソテーする。ニンニク、トウモロコシの実、マッシュルーム、ミディトマトを加え、中火で2〜3分さっとソテーし、塩と黒胡椒で下味をつける。

4　ボウルに茹でたスペルト小麦、ソテーした野菜、バジルを入れて混ぜる。塩、黒胡椒、ピメント・デスペレットで味を調える。

5　パプリカの入れ物を作る。パプリカは上部を水平に切り、種を取る。上部は蓋になるので取り置く。パプリカの表面全体にオリーブオイル適量（分量外）を刷毛で塗る。蓋にも塗る。刷毛がない場合は手で塗ってもよい。パプリカの表面に塩適量（分量外）を軽くふる（内側にはふらない）。オリーブオイルをパプリカの表面に塗ることで、塩がのり、またきれいな焼き色がつく。

6　パプリカの中に4を詰め、蓋をして200℃に温めたオーブンで20分ほど焼く。

été

豚肉のロースト、トウモロコシと黒ニンニクのピュレ

豚肉とトウモロコシはとても相性がよいです。
ここではソテーしたものとピュレにしたもの、2種の食感のトウモロコシを豚肉に合わせ、
味のアクセントに黒ニンニクのピュレを添えます。
僕の中ではこの料理は、少しメキシカンの要素を加えているイメージです。
そのため、トウモロコシはクミンと一緒にソテーします。
豚肉やトウモロコシをソテーする際に、唐辛子や香菜などを加えても美味しいと思います。
ライムを添えてもよいでしょう。
飾り用の葉も今回はタイムを散らしますが、香菜やマジョラムなども合います。

---

recette

--- 材料（2〜3皿分）

豚ロース肉または肩ロース肉（ブロック）　300g
トウモロコシ　2本
ニンニク　1かけ
タイム　1枝
クミンシード　2つまみ（ミルで挽く）
水　70mℓ
［黒ニンニクのピュレ］(作りやすい分量)
　黒ニンニク　120g
　飴色タマネギ（P.195参照）　40g
塩　適量
黒胡椒　適量
EXVオリーブオイル　適量
タイムの葉　適量

--- 作り方

1　鍋に湯を沸かし、トウモロコシ1本は5分ほど、もう1本はさらに10分ほど茹でる。それぞれの粗熱が取れたら、包丁で芯から実を外す。ニンニクはスライスする。

2　黒ニンニクのピュレを作る。黒ニンニク、フォン・ド・ボー、飴色タマネギを合わせ、ブレンダーで滑らかに撹拌してピュレ状にする。

3　豚肉は塩を軽くふる。鋳物の厚手の鍋またはフライパンにオリーブオイルを引き、ニンニク、タイム、豚肉を入れて蓋をして弱火で15分ほどゆっくり火を通す。または蓋をしたまま180℃に温めたオーブンで火を入れてもよい。

4　豚肉に火が入ったら、豚肉を取り出して冷まし、鍋に残った豚肉の旨みが詰まった肉汁と焦げ（シュック）に分量の水を加える。

5　木ベラでシュックをこそげ落とし（この作業をデグラッセという）ながら一度沸かす。シュックと一緒に沸かした湯と10分茹でたトウモロコシの実を合わせてブレンダーで滑らかになるまで撹拌し、塩と黒胡椒で味を調えてトウモロコシのピュレにする。

6　フライパンにオリーブオイルを引き、クミンシードを弱火でソテーする。香りが立ったら5分茹でたトウモロコシの実を加えてさっとソテーし、塩で味を調える。

7　盛りつける。皿に黒ニンニクとトウモロコシのピュレをそれぞれ盛る。1〜1.5cm厚さに切った豚肉のソテーをのせ、トウモロコシのソテーをかけ、タイムをあしらい、黒胡椒をふる。

été

トウモロコシのスティック、メキシコ風

夏場にぴったりな一品。BBQなどでも大活躍してくれるはずです。
トウモロコシはいつもと同じ筒切りにはせず、棒状にカットすることで、
いつもと違った新しい表情を見せてくれます。
ソースを作る際は野菜を強火でソテーし、
焼き色をつけると香ばしさが加わってより美味しくなります。
チレ・アンチョとチレ・ワヒージョ（メキシコなどの唐辛子）が
手に入らない場合は、鷹の爪で代用しても美味しいソースが作れます。

recette

— 材料（2〜3皿分）

トウモロコシ　2本
[メキシカンソース]（作りやすい分量）
　チレ・アンチョ　1本
　チレ・ワヒージョ　1本
　タマネギ　½個
　ニンニク　2かけ
　ミニトマト　10個
　クミンシード　2つまみ（ミルで挽く）
　オレガノ（乾燥）　2つまみ
　白ワインビネガー　小さじ1
　塩　適量
　EXVオリーブオイル　小さじ2

— 作り方

1　メキシカンソースを作る。チレ・アンチョとチレ・ワヒージョの種を取り、湯に浸けてやわらかくして水気を絞る。タマネギとニンニクはみじん切りにする。ミニトマトはヘタを取り、半分に切る。

2　鍋にオリーブオイル、チレ・アンチョ、チレ・ワヒージョ、タマネギ、ニンニク、ミニトマトを入れて強火で焼き色をつけるようにソテーする。

3　2、クミンシード、オレガノ、白ワインビネガーを合わせてブレンダーで滑らかになるまで撹拌し、塩で味を調えて仕上げる。

4　鍋に湯を沸かし、トウモロコシを茹でる。あとでメ3のキシカンソースを塗り、もう一度トウモロコシに火を入れるのでここでは短めに5分ほど茹でる。湯から引き上げ、芯を残したままスティック状に縦4等分に切る。

5　トウモロコシにメキシカンソースを塗り、直火で炙って香ばしく焼き上げる。BBQなどの炭火で焼くとより一層美味しく仕上がる。

été

ワカモレとトルティヤチップス

アメリカ人も大好きなワカモレとトルティヤチップス。
市販のものを買うこともできますが、
作り立てのワカモレとチップスに敵うものはありません。
ぜひワカモレは材料をすべてボウルに入れて、
食卓にてアボカドを潰して仕上げてみてください。
きっと止まらないおつまみになることでしょう。
ここでは青いマサで紫色のトルティヤチップスを作りましたが、
通常の白いマサで作れば、白いチップスができ上がります。

---

recette

― 材料（2皿分）

［ワカモレ］
- アボカド　1個
- 赤タマネギ　1/4個
- 香菜　2本
- 青唐辛子　1/3本
- ニンニク　1/2かけ
- クミンシード　2つまみ（ミルで挽く）
- コリアンダーシード　2つまみ（ミルで挽く）
- ライム果汁　1/4個分
- 塩　適量

［トルティヤチップス］
- マサ（トウモロコシの粉）　100g
- 熱湯　120〜140mℓ
- 塩　2つまみ
- 揚げ油　適量

― 作り方

1　ワカモレを作る。アボカドは皮と種を取る。赤タマネギと香菜は粗みじん切りにし、青唐辛子はみじん切りにする。ニンニクはすりおろし、すべての材料を鉢もしくはボウルに入れ、すりこぎかスプーンで潰しながら混ぜ、塩で味を調える。

2　トルティヤチップスを作る。揚げ油以外の材料をボウルに入れて捏ね、トルティヤの生地を作る。捏ねた生地を10〜12等分にし、生地を好みの大きさにのばし、170℃前後に温めた揚げ油でカリッと揚げる。

3　盛りつける。揚げたトルティヤチップスを皿に盛り、ワカモレを添える。

été

スモークドババガヌーシュとセミドライトマト、ピタパン

ババガヌーシュはレバノンなどの中近東で食べられる、ローストしたナスのペーストです。直火で焼くことで香ばしく仕上がりますが、ここではナスにあらかじめスモークをかけ、さらにスモーキーなフレーバーをプラスしています。
スモークの香りを控えたい場合は、スモークの手順をスキップすれば、ベーシックなババガヌーシュができます。

recette

― 材料（4皿分）

［ピタパン］
強力粉　300g
ドライイースト　5g
グラニュー糖　10g
塩　3g
EXVオリーブオイル　30g
ぬるま湯　200㎖

［スモークドババガヌーシュ］
米ナス　2本
スモークチップ（桜など）　適量
ニンニク　1/2かけ（すりおろす）
レモン果汁　小さじ2
タヒニ（または胡麻ペースト）　大さじ2
クミンシード　2つまみ（ミルで挽く）
コリアンダーシード　2つまみ（ミルで挽く）
塩　適量
黒胡椒　適量
EXVオリーブオイル　適量
スモークチップ（桜など）　適量
セミドライトマト(P.194参照)　適量
ザクロの実　適量
香菜　適量

― 下準備

- 焼くタイミングに合わせ、オーブンを230℃に予熱する。
- ザクロは殻から実を外し、水を張ったボウルに放つ。殻をきれいに取り、余分な水分をペーパータオルで取る。

― 作り方

1　ピタパンを作る。ボウルにすべての材料を入れて混ぜる。粉気がなくなってきたら台に出して捏ねる。ボウルに入れてラップを被せ、温かい場所で生地が2倍程度の大きさに膨らむまで40分ほど一次発酵させる。

2　打ち粉（分量外）をふった台に生地を置き、8等分に分けて丸める。フキンまたはペーパータオルを被せて霧吹きで水をかけ、10分ほど再度発酵させる。

3　生地を麺棒で平たい円盤状にのばし、天板にのせ、230℃に温めたオーブンで3分焼く。提供する直前に直火で炙ると香ばしさが増す。

4　スモークドババガヌーシュを作る。スモーク用のフライパンまたは鉄鍋、サイズに合った蓋を用意する。丁度よいサイズの蓋がない場合はボウルなどで代用する。米ナスにスモークの香りが移りやすいようにオリーブオイルを塗る。フライパンにアルミホイルを敷き、その上にスモークチップをのせて強火にかける。煙が立ち始めたらさらに10秒ほど加熱し、スモークがピークに達したところで火を止める。火をつけっぱなしにするとオイルが垂れて引火する可能性があるので、必ず火を止める。素早くナスをのせた網を入れて蓋をする。2～3分スモークをかけて網ごと取り出し、スモークをかけたナスを網ごと直火で焼く。ナスがやわらかくなったら、ボウルに移して粗熱を取る。粗熱を取ったナスの皮をむき、ボウルの中に溜まった果汁はボウルに取り置く。

5　4のナスをまな板にのせて包丁で軽く叩き、ボウルに戻す。ニンニク、レモン果汁、タヒニ、クミンシード、コリアンダーシード、塩と黒胡椒を加えてよく混ぜる。味を見て必要であれば、塩で味を整える。

6　盛りつける。スモークドババガヌーシュを器によそい、ザクロの実と粗く刻んだ香菜をのせ、セミドライトマトと温めたピタパンを添える。

été

ナスのグリル、サジキとセミドライトマト

ナスはとても食べ応えのある野菜です。
旨みを多く含むトマトを合わせれば、
野菜だけでもとても満足感のあるひと皿になります。
ここではギリシャのサジキに似たキュウリを合わせ、地中海風に仕上げます。

recette

― 材料（2～3皿分）

[ナスのグリル]
- 長ナス　2本
- クミンシード　ひとつまみ（ミルで挽く）
- EXVオリーブオイル　適量
- 塩　適量
- 黒胡椒　適量

[サジキ風ソース]（作りやすい分量）
- プレーンヨーグルト　310g
- キュウリ　2 1/2本
- ニンニク　1かけ（すりおろす）
- ディルの葉　1枝分（みじん切りにする）
- レモンの皮　少々（削る）
- レモン果汁　大さじ1
- EXVオリーブオイル　大さじ1/2
- 塩　適量

セミドライトマト（P.194参照）　適量
香菜　適量

― 作り方

1　サジキ風ソースを作る。ペーパータオルを敷いたザルをボウルに重ねる。プレーンヨーグルトをのせて200g程度になるまで冷蔵庫に入れて水気をきる。キュウリはスライサーまたは包丁を使ってスライスする（種を取り、すりおろすとよりギリシャのサジキに近い仕上がりになる）。キュウリに塩をふって、10分ほど置き、ペーパータオルで包み、水気をしっかり絞る。ボウルにすべての材料を入れて混ぜる。味を見て必要であれば塩で味を調える。

2　ナスのグリルを作る。長ナスはヘタつきのまま縦に厚さ1cm弱にスライスする。表面に刷毛でオリーブオイルを塗り、グリル板で焼き目がつくまで焼く。焼き上がったら塩、黒胡椒、クミンシードをふる。

3　盛りつける。皿にナスのグリルを盛り、サジキ風ソースをかける。セミドライトマトをのせ、粗く刻んだ香菜をのせる。

été

フムスとナスのグリル、ザクロのアクセント

ヒヨコ豆のピュレ、フムス。
滑らかでフワッとした軽い口当たりにするために
炭酸水で煮ることで、皮をやわらかくして取りやすくしています。
ヒヨコ豆とナス、ザクロはトルコでは鉄板の組み合わせ。
エキゾチックな味わいをどうぞ。

recette

— 材料（2皿分）

長ナス　1本
［ フムス ］
　ヒヨコ豆（水煮缶）　1缶（400g）
　コリアンダーシード　4g（ミルで挽く）
　クミンシード　3g（ミルで挽く）
　タヒニ（または胡麻ペースト）　50㎖
　ニンニク　1かけ（すりおろす）
　レモン果汁　40㎖
　EXVオリーブオイル　大さじ1
　塩　適量
　ベーキングソーダ　小さじ1
ザクロの実　適量
香菜　適量

— 下準備

- ザクロは殻から実を外し、水を張ったボウルに放つ。殻をきれいに取り、余分な水分をペーパータオルで取る。

— 作り方

1　フムスを作る。ヒヨコ豆は豆と煮汁に分け、煮汁は冷蔵庫で冷やしておく。鍋にヒヨコ豆、ベーキングソーダ、水600㎖を入れて中火にかけ、沸騰したら弱火にして5分ほど煮る。

2　大きめのボウルに1を湯ごと移す。泡立て器で混ぜると、簡単に薄皮が外れる。流水に当てながら浮いてきた薄皮を注意深く除き、水気をきる。

3　2、コリアンダーシード、クミンシード、タヒニ、ニンニク、レモン果汁、オリーブオイルを合わせ、フードプロセッサーまたはブレンダーで滑らかになるまで攪拌し、塩で味を調える。かたい場合は冷やしておいた煮汁を適宜加えてかたさを調整する。

4　長ナスはヘタつきのまま縦に1㎝厚さに切る。表面に刷毛でオリーブオイル（分量外）を塗り、グリル板で焼き目がつくまで焼く。焼き上がったら軽く塩（分量外）をふる。

5　盛りつける。皿にフムスをたっぷり盛り、ナスのグリルをのせてザクロの実を散らし、粗く刻んだ香菜をのせる。

été

メロンとキュウリ、ブルサンチーズのサラダ

トルコで食べたキュウリのサラダは、角切りのキュウリにオリーブ、
フェタチーズがのっていて、ディルなどのハーブがあしらってありました。
ギリシャ風とあったので、多分ギリシャでも似たようなスタイルのサラダがあるのだと思います。
今回はフェタチーズをスーパーでも手に入りやすいブルサンチーズに置き換え、
そこにメロンを加えることで瑞々しく仕上げました。
もしホワイトバルサミコ酢があったら相性抜群。ぜひ少量ふりかけてみてください。
ドレッシングの作り方も一応のせていますが、好みのドレッシングでも美味しく作れるはずです。

recette

― 材料（2皿分）

　　メロン　1/6個
　　キュウリ　1本
　　黒オリーブ　8粒
　　ブルーベリー　8粒
　　ブルサンチーズ　30g
　　ヴィネグレットドレッシング(P.190参照)　適量
　　ホワイトバルサミコ酢(または白ワインビネガー)　適量
　　フルール・ド・セル　適量
　　黒胡椒　適量
　　ディルの葉　1枝分
　　ミントの葉　適量

― 作り方

1　メロンは皮をむき、5mm～1cm幅に切り、軽くフルール・ド・セルをふる。この料理では、塩はできれば結晶の大きなものが好ましい。キュウリはスライサーで縦にスライスする。バットに入れて軽くフルール・ド・セルをふり、ヴィネグレットドレッシングで和える。黒オリーブとブルーベリーは半分に切る。ブルサンチーズは食べやすい大きさにほぐす。

2　盛りつける。皿にキュウリを盛り、メロン、ブルサンチーズをのせ、黒オリーブとブルーベリーを散らす。粗く挽いた黒胡椒をふり、ホワイトバルサミコ酢をごく少量回しかけ、ディルとミントをあしらう。

été

黄色いビーツとアンディーブ、ブルーベリー、バジル、蕎麦の実、シェーブルチーズのサラダ

僕の大好きなサラダです。どの食材もこのサラダの味わいに大事な役割を担っています。
黄色いビーツは赤いビーツよりも甘みが強く、土っぽさも控えめ。
このサラダはもちろん赤いビーツでも美味しくできます。

---

recette

— 材料（2皿分）

- ビーツ（黄）　½個
- アンディーブ　1本
- ブルーベリー　15〜20粒
- 蕎麦の実　大さじ1
- シェーブルチーズ　60g
- ヴィネグレットドレッシング（P.190参照）　適量
- レモン果汁　適量
- 塩　適量
- 黒胡椒　適量
- EXVオリーブオイル　適量
- バジルの葉　適量

— 下準備

- 焼くタイミングに合わせ、オーブンを180℃に予熱する。

— 作り方

1. ビーツは厚めに皮をむく。そうすることで土臭さが軽減される。表面にオリーブオイルを塗ってアルミホイルで包む。180℃に温めたオーブンでビーツに串がすっと刺さるようになるまで45分ほど焼いて取り出す。アルミホイルを外し、そのまま冷ます。

2. 蕎麦の実はフライパンで空煎りして冷ます。シェーブルチーズも食べやすい大きさに切る。冷ましたビーツ、アンディーブをひと口大に切る。

3. ボウルにビーツを入れ、軽く塩をふって下味をつけ、レモン果汁とオリーブオイルを回しかけて混ぜる。別のボウルにアンディーブを入れて軽く塩をふって下味をつけ、ヴィネグレットドレッシングで和える。

4. 盛りつける。皿にビーツとアンディーブを盛り、シェーブルチーズとブルーベリーをのせる。仕上げにオリーブオイルを回しかけて黒胡椒をふり、蕎麦の実とバジルを散らす。

été

夏野菜のグリル、ロメスコソース添え

ロメスコソースは、スペインのカタルーニャ発祥のソースです。
植物性にもかかわらず、とてもコクがあり、でも重くない。
とても重宝します。グリルした野菜に合わせていますが、
魚や鶏肉と合わせても美味しいです。

recette

― 材料（2皿分）

［夏野菜のグリル］
　万願寺唐辛子　2本
　グリーンアスパラガス　2本
　ミニキャロット　2本
　ベビーコーン　2本
　EXVオリーブオイル　適量

［ロメスコソース］（作りやすい分量）
　ミディトマト　4個(120g)
　赤ピーマン　2個(120g)
　タマネギ　¾個(170g)
　セロリ　½本(40g)
　カボチャ　100g
　ニンニク　3かけ
　鷹の爪　1本
　タイム　3〜5枝
　アーモンド　10粒
　EXVオリーブオイル　20mℓ
　シェリービネガー（または白ワインビネガー）　10mℓ
　水　80〜120mℓ
　塩　3g

― 作り方

1　ロメスコソースを作る。ミディトマトはヘタを取る。赤ピーマンは半分に切って種を取る。タマネギは半分に切る。セロリは筋を取り、カボチャは皮をむき、それぞれ2〜3cmの大きさに切る。ニンニクは皮をむいておく。切った野菜、鷹の爪、タイムをバットに広げ、オリーブオイルを全体に回しかけ、200℃に温めたオーブンで20〜30分焼く。途中、焼き色がついたら取り出す。

2　オーブンの温度を170℃に下げ、バットに広げたアーモンドを7分ほどローストする。

3　バットに並べた野菜と野菜から出た焼き汁、アーモンド、シェリービネガー、分量の水をミキサーで滑らかになるまで攪拌する。水は様子を見ながら少しずつ加え、とろりとした濃度に調節する。最後に塩で味を調える。

4　夏野菜のグリルを作る。表面に刷毛でオリーブオイルを塗り、グリル板で焼き目がつくまで焼く。焼けたら塩をふっておく。

5　盛りつける。皿にロメスコソースを流し、夏野菜のグリルを盛る。

― 下準備

• 焼くタイミングに合わせ、オーブンを200℃に予熱する。

été

砂肝のコンフィと香菜のサラダ

砂肝はコンフィにすると抜群に美味しいのですが、
これに香菜を加えると、いくらでも食べられるようなサラダになり、
軽めのシラー種のナチュラルワインとの相性は抜群です。
エキゾチックな香りを持つ香菜には、
スパイスを効かせたカレー風味のドレッシングを。
どこか旅をしているような味わいのサラダの完成です。

recette

— 材料（2皿分）

［砂肝のコンフィ］（作りやすい分量）
　砂肝　500g
　クミンシード　大さじ2
　ニンニク　2～3かけ
　鷹の爪　2本
　コニャック　大さじ1
　ラード（またはサラダ油）　適量
　塩　小さじ1
［香菜サラダ］
　香菜　適量
　ライム果汁　適量
　カレードレッシング（P.192参照）　適量
　塩　適量

— 作り方

1　砂肝のコンフィを作る。砂肝は汚れと筋を取る。砂肝の2つある山の間の部分で切り分け、ボウルに入れる。銀皮などはコンフィにするとやわらかくなるため、取る必要はない。

2　1のボウルにクミンシード、ニンニク、鷹の爪、コニャック、塩を加えてよくもみ込む（冷蔵庫でひと晩置いてもよい）。

3　鍋に砂肝を入れ、砂肝がひたひたになる程度のラードを加えて中火にかけ、オイルが100℃に達したら、弱火にしてアクを取りながら1時間20分ほど加熱し、火を止めてそのまま冷ます。冷めたらオイルごとタッパーなどに移して冷蔵庫で保管する。オイルに浸けた状態なら冷蔵庫で2週間保存可能。

4　フライパンにオリーブオイル（分量外）を引き、オイルから取り出した砂肝を中火でカリッと表面を焼き上げる。

5　香菜のサラダを作る。香菜は食べやすい大きさに切る。ボウルに入れて軽く塩をふり、カレードレッシング、ライム果汁を加えてさっと混ぜる。

6　盛りつける。器に砂肝と香菜サラダを合わせて盛る。

été

キュウリとアボカドの冷たいスープ

トマトのガスパチョをアレンジしたスープです。
仕上げにヨーグルトを流して、冷涼感のある仕上がりに。
作ったガスパチョはしっかり冷やしてサーブしてください。
キュウリには身体を冷やしてくれる効果もあるので、
暑い夏の日にぜひ作ってみてほしいです。

recette

― 材料（2皿分）

キュウリ　2本
アボカド　½個
タマネギ　¼個
セロリ　⅓本
ディルの葉　12枝分
レモン果汁　小さじ1
水　300㎖
プレーンヨーグルト　適量
塩　適量　適量
黒胡椒　適量
EXVオリーブオイル　適量
ミントの葉　適量

― 作り方

1　アボカドは皮と種を取り、キュウリは乱切りにする。タマネギとセロリはスライスする。

2　フライパンにオリーブオイルを引き、タマネギとセロリを中火で透明になるまでソテーする。ソテーしたタマネギとセロリ、キュウリ、アボカド、ディル、レモン果汁、分量の水は合わせてブレンダーで滑らかになるまで撹拌する。滑らかになったら塩と黒胡椒で味を調え、冷蔵庫で冷やす。

3　盛りつける。器にスープをよそい、かき混ぜて滑らかにしたヨーグルトとオリーブオイルを流し、ディル（分量外）とミントをあしらう。

été

巨峰、水ナス、帆立貝のサラダ、バジルヨーグルトソース

水ナスと巨峰を使った瑞々しいサラダ。
本当にシンプルな料理ですので、
塩やオリーブオイルは良質なものを使いたいです。
カットした巨峰の断面は透き通っていてとても美しいです。

recette

― 材料（2皿分）

帆立貝柱（生食用）　4個
巨峰　2〜3粒
水ナス　1個

［バジルヨーグルトソース］
バジルの葉　12g
プレーンヨーグルト　250g
塩　適量

レモン果汁　適量
フルール・ド・セル　適量
塩　適量
EXVオリーブオイル　適量
バジルの葉　適量

― 作り方

1　バジルヨーグルトソースを作る。バジルとプレーンヨーグルトは合わせてブレンダーで滑らかになるまで撹拌し、塩で味を調える。

2　巨峰は5mm幅に切る。水ナスは皮の一部を残してストライプ状の見た目に仕上げ、5mm厚さに切る。変色を防ぐためにすぐに切り口にレモン果汁とオリーブオイルを薄く塗り、フルール・ド・セルをふる。

3　盛りつける直前に帆立貝柱にフルール・ド・セルをふる。皿に水ナスと帆立貝柱、巨峰を盛る。バジルヨーグルトソースとオリーブオイルをところどころに垂らし、バジルをあしらう。

été

丸ごとの桃と蟹のサラダ

桃の種は直径3〜3.5cmのセルクルを使って取ります。
くり抜いたトンネル状の空洞に蟹のサラダを詰めた豪華な一品。
見た目にもインパクトがあり、店でも桃の時期に大変人気です。

---

recette

— 材料（2皿分）

桃　1個
蟹のほぐし身　40g
アンディーブ　1.5〜2枚
ミントの葉　1枝分
タラゴンの葉　1枝分
マヨネーズ（P.190参照）　20g
塩　適量
黒胡椒　適量
EXVオリーブオイル　適量
ミントの葉　適量

— 作り方

1　アンディーブは1枚ずつ外し、3mm幅に切る。ミントとタラゴンの葉は刻んでおく。

2　ボウルに蟹のほぐし身とアンディーブを入れ、軽く塩と黒胡椒をふり、マヨネーズ、ミント、タラゴンを加えてさっくり和える。

3　鍋に湯を沸かし、桃を入れて10秒ほど茹で、冷水に取る。ペーパータオルで水分をふき、皮をむく。

4　直径3〜3.5cmのセルクルを桃の頭の部分から垂直に差し込む。桃の種を抜き、桃の表面に軽く塩をふる。

5　くり抜いた部分に2を詰める。

6　盛りつける。皿に桃をのせ、オリーブオイルをたっぷり回しかけてミントの葉（分量外）をあしらう。

été

桃のコンポート、ジュレとココナッツのアイスクリーム添え

桃をシロップで煮て、香りの移ったシロップにゼラチンとミントを加えてジュレを作り、
相性のよいココナッツのアイスクリームを合わせます。
ヨーグルトでアイスクリームを作っても美味しいかと思います。

― recette

― 材料（2皿分）

[桃のコンポートとジュレ]

桃　1個
グラニュー糖　120g
水　400g
レモン果汁　80g
板ゼラチン　コンポート液の重さの1.6%
ミントの葉　3g

[ココナッツのアイスクリーム]（作りやすい分量）

ココナッツミルク缶　1缶（400g）
グラニュー糖　70g
生クリーム　50g
水飴　15g
板ゼラチン　ココナッツミルク液の重さの1%

― 下準備

- 小鍋に湯を沸かし、ボウルに入った氷水を準備する。

― 作り方

1　桃のコンポートとジュレを作る。桃は湯むきにする。沸騰した湯に桃を皮ごと入れ、中火で15秒ほど火を通して取り出し、すぐに氷水に浸ける。桃が完全に冷えたら氷水から取り出してペーパータオルで水気をふく。皮をむき、半分に切って種を取る。

2　鍋に分量の水とグラニュー糖を入れて沸騰させ、種を取った桃を加える。落とし蓋をして弱火で5分ほど煮て、液体ごとボウルに移し、氷水に当てて冷やす。桃を取り出し、冷蔵庫に入れて冷やす。残った汁にレモン果汁を加えて混ぜ、コンポート液とする。

3　2のコンポート液の重さを量り、その重さの1.6%の板ゼラチンを氷水でふやかす。コンポート液をお玉1杯程度小鍋に取り、ふやかしたゼラチンを加えて弱火にかける。ゼラチンをよく溶かし、冷やしているコンポート液に戻してゼラチンを完全に溶かす。ミントを刻み、コンポート液に加え、冷蔵庫で3時間以上冷やしてジュレにする。

4　ココナッツのアイスクリームを作る。ボウルに板ゼラチン以外の材料を入れてブレンダーで攪拌する。その重さを量り、そのゼラチンを氷水でふやかし、ココナッツミルク液お玉1杯程度を小鍋に取り、ゼラチンを加えて弱火にかける。ゼラチンを溶かし混ぜ、ココナッツミルク液に戻し、ゼラチンを全体に溶かす。アイスクリームマシーンにかけ、アイスクリームにする。

5　盛りつける。器に桃のコンポートを盛り、ジュレを流し、ココナッツのアイスクリームをのせる。

été

ブッラータ、プラムとブルーベリーの
スパイスソテー

僕の店のブランチでも提供している人気メニューです。
ブッラータとフレッシュなフルーツを合わせ、オリーブオイルを回しかけるのは定番ですが、
今回はフルーツをキャラメリゼして温かいひと皿にして仕上げます。
いつもと一風違った仕立てにチャレンジしてみたい方はぜひ。
フルーツは旬のものを使ってください。

recette

― 材料（2皿分）

　ブッラータ　1個
　タラゴンの葉　6枚
　ミントの葉　6枚
　［ プラムとブルーベリーのスパイスソテー ］
　　プラム　1個
　　ブルーベリー　6粒
　　八角　1個
　　カルダモン　2個（殻から出す）
　　クローブ　1個
　　グラニュー糖　大さじ2½
　　バター（無塩）　大さじ½
　　レモン果汁　適量

― 下準備

• 小鍋に湯を沸かし、ボウルに氷水を準備する。

― 作り方

1　プラムとブルーベリーのスパイスソテーを作る。プラムは半分に切り、種を取る。フライパンにスパイス類とグラニュー糖を入れて中火にかける。グラニュー糖が色づいてきたらフルーツとバターを加え、フルーツに絡ませるように素早く火を入れてレモン果汁を回しかける。

2　盛りつける。皿にスパイスソテーを盛ってブッラータをのせ、タラゴンとミントをあしらう。

été

サヤインゲンとオレンジ、アーモンドのサラダ、
焦がしタマネギとハニージンジャーのドレッシング

カリフォルニアにいた頃、緑黄色野菜と柑橘を合わせたサラダをよく食べました。
チャイニーズチキンサラダに代表されるように、ショウガが効いた少し甘みのある味付けは、
アメリカ人にとってはどこかエキゾチックなのかもしれません。
僕の中でこのサラダはなんとなくカリフォルニア的。
サヤインゲンもたっぷり美味しく食べられます。

recette

― 材料（2皿分）

　サヤインゲン　30本
　オレンジ　1½個
　スライスアーモンド　適量
　焦がしタマネギとハニージンジャーのドレッシング
　　（P.191参照）　適量
　塩　適量

― 下準備

• 使用するタイミングに合わせ、オーブンを160℃に予熱する。

― 作り方

1　鍋に湯を沸かし、サヤインゲンを茹でる。茹で上がったら冷水に取って冷まし、水気をきる。ボウルに入れて軽く塩をふって下味をつけ、焦がしタマネギとハニージンジャーのドレッシングで和える。

2　オレンジは皮をむいて薄皮から果肉を取り出し、スライスアーモンドは160℃に温めたオーブンで5分ほどローストする。

3　盛りつける。皿にサヤインゲンとオレンジを盛り、ローストしたスライスアーモンド散らす。

秋 —— automne

recette → p112

彩野菜とキヌアのサラダとトレビスのソテー

recette → p113

トレビスのソテーと焦がしトマトのソース、
タマネギフリットのアクセント

秋 / automne

recette → p114

ツルムラサキと鶏むね肉と胡桃のサラダ

recette → p115

焦がしロメインレタスのウェッジサラダ

recette → p116 recette → p117

メカジキのソテーとキャビア・ド・オーベルジーヌ、フルーツトマト添え

ガスパチョと白身魚のクネル

recette → p118

鴨肉のラケと無花果のタルティーヌ

無花果と馬肉、アーモンド、セミドライトマトのタルタル、
ブッラータ添え

秋 / automne

recette → p120

無花果と胡桃、ビーツとブルーチーズのサラダ

秋 automne

recette → p121

洋梨と赤タマネギ、メープルシロップの温かいサラダ

recette → p122

赤いサラダ

recette → p123

ハーブをたっぷり加えたポレンタとキノコソテー

recette → p124

黒米と椎茸、フォワグラ、スライスした聖護院カブ

マッシュルームと乾燥ミントのスープ

recette → p126

マッシュルームとトリュフ、ポーチドエッグのサラダ

マッシュルームのオムレツ、タラゴンとライムの風味

recette → p128

栗とマッシュルーム、ベーコンのパイ

recette → p129

栗のパンペルデュ

automne

彩野菜とキヌアのサラダとトレビスのソテー

トレビスは焼き色をつけるように焼くととても美味しいです。
焼く際にアンチョビのペーストを塗り、仕上げにレモンやビネガーで酸味を足すと、
より美味しさが増すように思います。
ただし焼いて全体をクタクタにしてしまうのではなく、
瑞々しい生の部分も残したいので、強火で表面の一部を焦がすように焼くことが大事。
ここではトレビスの形を残し、その上に
小さく切ったフレッシュな野菜をのせて仕上げます。

recette

— 材料（2皿分）

［彩野菜とキヌアのサラダ］
キヌア　20g
タマネギ　50g
パプリカ（黄・赤）　各30g
キュウリ　30g
トマト　40g
ディルの葉　2枝分
イタリアンパセリの葉　2枝分
レモン果汁　少々
塩　適量
黒胡椒　適量
EXVオリーブオイル　適量
カレードレッシング（P.192参照）　適量
［トレビスのソテー］
トレビス　適量
アンチョビフィレ　1枚（ペースト状に叩く）
EXVオリーブオイル　適量
レモン果汁　適量
ザクロの実　適量
もって菊（紫）　適量

— 作り方

1　彩野菜とキヌアのサラダを作る。キヌアは水でさっと洗い、鍋に湯を沸かして中火で10分ほど茹でる。茹で上がったらしっかり水気をきり、ペーパータオルを敷いたバットに広げるようにして冷ます。水分が多いとベチャッとした仕上がりになるので注意する。

2　タマネギ、パプリカ、キュウリ、トマトはすべて5mm角程度に切る。ディルとイタリアンパセリは粗みじん切りにする。

3　フライパンにオリーブオイルを引き、タマネギ、パプリカを加え、軽く塩と黒胡椒をふり、シャキシャキとした食感が残るように中火でさっとソテーする。ソテーした野菜はすぐにボウルなどに移して冷ます。

4　野菜が冷めたら、残りの2と1のキヌアを加え、カレードレッシングで和える。レモン果汁を加えて混ぜ、味を見て必要であれば塩で味を調える。

5　トレビスのソテーを作る。トレビスは1cm幅の輪切りにし、バラバラにならないように爪楊枝で留める。断面にペースト状にしたアンチョビフィレを塗る。フライパンにオリーブオイルを引き、トレビスに焼き色をつけるように強火で一気に両面を焼く。素早く焼くことで、トレビスの生の食感が残る。焼いたトレビスにレモン果汁を回しかける。

6　ザクロは殻から実を外し、水を張ったボウルに放ち、殻をきれいに取り、余分な水分をペーパータオルで取る。もって菊は花弁を外す。

7　盛りつける。皿に爪楊枝を外したトレビスのソテーを盛り、4のサラダをのせ、ザクロともって菊を散らす。

automne

トレビスのソテーと焦がしトマトのソース、タマネギフリットのアクセント

この焦がしトマトソースはとても秀逸で、
僕が作るソースの中でも極めてシンプルかつ簡単でとても美味しいものです。
ぜひ、さまざまな肉や魚料理、パスタなどに活用してほしい万能ソース。
トレビスは焦がすと苦みが増して、大人の味わいになります。
僕はトレビスを使うときは大抵相性抜群のアンチョビを合わせています。

recette

― 材料（2皿分）

［ トレビスのソテー ］
- トレビス　適量
- アンチョビフィレ　1枚（ペースト状に叩く）
- レモン果汁　適量
- EXVオリーブオイル　適量

［ タマネギフリット ］
- タマネギ　1個
- 強力粉　適量
- 揚げ油　適量

焦がしトマトソース（P.195参照）　適量
マイクロリーフアマランサス　適量

― 作り方

1　タマネギフリットを作る。タマネギはスライスして強力粉をまぶし、余分な粉を落とす。鍋に揚げ油を弱火で温め、タマネギをきつね色になるまでじっくり揚げ、油をきる。

2　トレビスのソテーを作る。トレビスは1cm幅の輪切りにし、バラバラにならないように爪楊枝で留める。断面にペースト状にしたアンチョビフィレを塗る。フライパンにオリーブオイルを引き、トレビスの断面を強火で焼き色をつけ、レモン果汁を回しかける。

3　盛りつける。皿に焦がしトマトソースを流し、その上に爪楊枝を外したトレビスをのせる。仕上げにタマネギフリットとマイクロリーフアマランサスをあしらう。

automne

ツルムラサキと鶏むね肉と胡桃のサラダ

ツルムラサキの土っぽい苦みとあっさりとした鶏むね肉。
そこに鶏むね肉とは抜群の相性の胡桃ドレッシングでほどよいコクをプラスします。
鶏むね肉は弱火でゆっくり加熱して、
液体に漬けたままゆっくり冷やすことで、しっとり仕上がります。

recette

― 材料（4皿分）

ツルムラサキ　4本
［茹で鶏むね肉］
　鶏むね肉　1枚
　昆布(15cm)　1枚
　ショウガ　8g
　白ワイン　140ml
　水　600ml
　塩　適量
　レモン果汁　1/8個分
［胡桃ドレッシング］(作りやすい分量)
　胡桃　50g
　ショウガ　10g(すりおろす)
　サラダ油　100g
　バルサミコ酢　15g
　マヨネーズ(P.190参照)　30g
　醤油　5g
　蜂蜜　5g
　塩　ひとつまみ
胡桃　8粒

― 作り方

1　茹で鶏むね肉を作る。鶏肉は強めに塩をふり、手で塩をすり込んで常温に戻す。白ワインを鍋に加えて中火にかけ、アルコール分を飛ばす。同じ鍋に残りの材料を入れ、塩をすり込んだ鶏肉を加えて弱火にする。沸騰したらそのまま弱火でさらに3分ほど茹で、火を止めてそのまま冷ます。粗熱が取れたら鶏肉を取り出し、ペーパータオルを敷いたバットに取って冷蔵庫で冷やす。

2　胡桃ドレッシングを作る。すべての材料を合わせてブレンダーで滑らかになるまで撹拌する。

3　別の鍋に湯を沸かし、横に氷水を入れた大きなボウルを用意する。ツルムラサキの芯の太い部分は切り、その太い部分を先に1分ほど茹でる。残りのツルムラサキを加えたらさらに20秒ほど茹で、素早く氷水に取る。ツルムラサキが完全に冷えたら、氷水から取り出してペーパータオルで余分な水気を取る。

4　茹でた鶏肉を食べやすい大きさに繊維に沿って手で裂く。塩をふり、レモン果汁を回しかける。

5　ボウルに茹でたツルムラサキを入れ、2のドレッシングを加えて和える。

6　盛りつける。器にツルムラサキと鶏肉をバランスよく盛り、半分に砕いた胡桃を散らす。

automne

焦がしロメインレタスのウェッジサラダ

ウェッジサラダとはレタスをざっくり大きく切って、
そのくさびのような三角の形を残したまま盛りつけるサラダのこと。
今回はロメインレタスを使いますが、レタスを使っても美味しく作れます。
シャキシャキとした食感のロメインレタスにクルトンやリンゴを加え、
さまざまな食感を加えます。
また切り口をフライパンで焼くことで香ばしさもプラス。
シャキシャキ感を殺さないように、強火で一気に焼くようにしましょう。

---

recette

― 材料（2皿分）

ロメインレタス　1/2個
リンゴ　1/4個
ベーコン（ブロック）　50g
ニンニク　1/3かけ
松の実　10g
クルトン（P.196参照）　適量
ランチドレッシング（P.191参照）　適量
黒胡椒　適量
EXVオリーブオイル　適量

― 作り方

1　ロメインレタスは4等分のくし形切りにする。形をそのまま保つように芯の部分は落とさないでおく。リンゴとベーコンは1cm角に切る。ニンニクはスライスする。

2　フライパンを熱し、油は引かずにロメインレタスの切り口を押しつけ、焼き色をつけるように強火で焼く。切り口に焼き色がついたら、火から下ろして冷ます。

3　フライパンにオリーブオイルとニンニクを入れ、香りが立ったらベーコンを中火で焼く。

4　盛りつける。皿にロメインレタスをのせ、ベーコンとニンニクをフライパンの中の油ごとロメインレタスに回しかける。ランチドレッシングを回しかけ、リンゴ、クルトン、松の実を散らし、黒胡椒をたっぷりふる。

automne

メカジキのソテーとキャビア・ド・オーベルジーヌ、フルーツトマト添え

フランス料理にキャビア・ド・オーベルジーヌというものがあります。
焼きナスを叩いて粗いペースト状にしたものですが、
ところどころに混じるナスの黒い皮がキャビアに見えるところから、
「ナス（オーベルジーヌ）のキャビア」と名づけられた料理です。
キャビア・ド・オーベルジーヌはそのままでももちろん美味しいのですが、
もろみ味噌を足すと、ごはんのおともになるような美味しさです。
ただしナスの味がちゃんと感じられるように、もろみ味噌は極少量の隠し味程度に。
身がたくさん取れる米ナスを使うのがおすすめですが、普通のナスでも作ることができます。
今回はメカジキのソテーの上にのせて、トマトを添えて仕上げます。

recette

— 材料（2皿分）

［メカジキのソテー］
- メカジキ（切り身）　2切れ
- ニンニク　1かけ
- タイム　2枝
- EXVオリーブオイル　大さじ1
- 塩　適量

［キャビア・ド・オーベルジーヌ］
- 米ナス　2本（長ナスなら4本）
- ニンニク　1かけ
- タイム　2枝
- もろみ味噌　小さじ2
- 塩　適量
- 黒胡椒　適量
- EXVオリーブオイル　適量

タイムの葉　適量
フルーツトマト　適量
リデュースド・バルサミックビネガー（P.193参照）　少々

— 下準備

- 焼くタイミングに合わせ、オーブンを200℃に予熱する。

— 作り方

1　キャビア・ド・オーベルジーヌを作る。米ナスは縦半分に切り、断面に火が入りやすいように格子状の切り込みを入れる。オリーブオイルを断面に回しかけ、スライスしたニンニクとタイムをのせる。200℃に温めたオーブンで焼き色がつき、米ナスが完全にやわらかくなるまで20〜30分焼く。

2　1をオーブンから取り出し、身をスプーンですくい出す。身、皮半量、ニンニク、タイムを包丁でペースト状に叩く。

3　2をボウルに入れ、もろみ味噌、塩、黒胡椒を加えて味を調える。

4　メカジキのソテーを作る。メカジキは軽く塩をふり、ニンニクはスライスする。フライパンにオリーブオイルとニンニクを入れ、中火にかける。ニンニクの香りが立ってきたらメカジキとタイムを加え、メカジキの両面をきつね色にソテーする。

5　フルーツトマトは食べやすい大きさに切り、軽く塩（分量外）をふる。

6　盛りつける。皿にメカジキを盛り、キャビア・ド・オーベルジーヌとフルーツトマトをのせ、タイムをあしらう。リデュースド・バルサミックビネガーをトマトに少しかけ、オリーブオイル（分量外）を回しかける。

automne

ガスパチョと白身魚のクネル

ガスパチョは多くのレシピが存在しますが、
今はこの作り方がいちばん美味しいと思っています。
ポイントは、セロリ、赤タマネギ、ニンニクを
強火で軽く焼き色をつけながらソテーすること。
星の数ほど存在するガスパチョのレシピの中には、
火を使わずに生野菜だけで作るものも多くありますが、
香味野菜を強火で焼き色をつけながらソテーすることで
香ばしい風味で味わいに締まりを与えつつ、
適度な旨みとコク、野菜由来の甘みを加えます。
今回は白身魚をアクセントにのせましたが、
ガスパチョそのままでも楽しめる一品です。

recette

— 材料（2皿分）

［ガスパチョ］
トマト（完熟）　420g
セロリ　50g
赤タマネギ（または普通のタマネギ）　160g
ニンニク　1かけ
タバスコ（またはシェリービネガー）　5滴
EXVオリーブオイル　適量
塩　適量
黒胡椒　適量

［白身魚のクネル］
白身魚（または鱈、鯛、スズキなど。帆立貝柱でも）　160g
卵白　30g
ディルの葉　5g
生クリーム　30g
塩　適量
白胡椒　適量

— 作り方

1　ガスパチョを作る。セロリは筋を取り、赤タマネギ、ニンニクとともにスライスする。フライパンにオリーブオイルを引き、切った野菜を中強火で軽く焼き色をつけるようにソテーする。弱火でしんなりさせるのではなく、野菜に香ばしい軽い焦げ目をつけるイメージで。

2　トマトはひと口大に切り、ソテーした野菜とともにブレンダーで滑らかになるまで撹拌する。タバスコを加え、再度撹拌し、塩と黒胡椒で味を調え、冷蔵庫でしっかり冷やす。

3　白身魚のクネルを作る。白身魚の骨は取り、ひと口大に切る。白身魚、卵白、ディル、生クリーム、塩、白胡椒を合わせ、フードプロセッサーで滑らかなムース状になるまで撹拌する。味を見て必要であれば塩と白胡椒で味を調える。

4　鍋に湯を沸かす。同じ形のスプーンを2本使って3をクネル状にし、沸いた湯の中に静かに落とす。弱火で3分ほど完全に火が通るまで茹で、ペーパータオルに取り、水気を取る。その後冷蔵庫でしっかり冷ます。

5　盛りつける。器にガスパチョをよそい、クネルをのせてオリーブオイル（分量外）を回しかける。

automne

鴨肉のラケと無花果のタルティーヌ

ラケとは肉に蜂蜜とスパイスなどを塗りながら焼き上げる調理法。
ここでは無花果とも相性のよいスパイスを蜂蜜と合わせて鴨を焼き上げ、タルティーヌに。

recette

— 材料（2皿分）

[鴨肉のラケ]
鴨むね肉　1枚
カルダモン　ひとつまみ
　（殻から粒を取り出し、ミルで挽く）
コリアンダーパウダー　ひとつまみ
ナツメグパウダー　ひとつまみ
クローブパウダー　少々
蜂蜜　小さじ1
塩　ひとつまみ
黒胡椒　ひとつまみ
バター（無塩）　大さじ1
飴色タマネギ（P.195参照）　30g
カンパーニュ（1cm厚さにスライスしたもの）　大1枚
無花果　1個
胡桃　適量
クレソン　適量
リデュースド・バルサミックビネガー（P.193参照）
　小さじ2
レモン果汁　適量

— 作り方

1　鴨肉のラケを作る。鴨肉は塩と黒胡椒をふり、スパイス類を全体にすり込む。フライパンにバター、鴨肉の皮面を下にして入れ、弱火で焼く。3分ほど焼いたら裏返して蜂蜜を加え、さらに2分ほど焼く。火を止めて蜂蜜とバターを絡めるように数回裏返しながら余熱で火を入れる。鴨肉をフライパンから取り出して5分以上置いて肉汁を落ち着かせる。鴨肉は焼き立てもジューシーで美味しいが、完全に冷めても美味しい。

2　飴色タマネギは電子レンジで温めておく。カンパーニュはバター（分量外）と温めた飴色タマネギを塗る。トースターかオーブンできつね色になるまでトーストし、飴色タマネギを塗り、食べやすい大きさに切り分ける。

3　取り置いた鴨肉を5mm程度の厚さに切り、切り口に軽く塩（分量外）をふる。無花果は皮付きのまま大きさによって6〜8等分のくし形切りにしてレモン果汁をかける。

4　盛りつける。皿にリデュースド・バルサミックビネガーを回しかける。カンパーニュをのせ、鴨肉と無花果を交互に盛る。砕いた胡桃を散らし、クレソンをあしらう。

— 下準備

・鴨肉は常温に戻しておく。

automne

無花果と馬肉、アーモンド、セミドライトマトのタルタル、ブラッター添え

飲食店では、鹿肉はもちろん豚肉や鶏肉はしっかり加熱調理することが前提です。
生食用の基準を満たしている馬肉や牛肉であれば、
ここに紹介しているタルタルを作ることができます。
生でいただく馬肉はほかにはない美味しさがあります。
ここではニンニクを塗った馬肉を軽く炙り、香ばしさをプラスしています。
その際はバーナーを使うか、コンロの上に網をのせて直火焼きにするとよいかと思います。

recette

— 材料（2皿分）

馬肉(赤身。生食用)　40g
ブッラータ　2個
無花果　1個
セミドライトマト(P.194参照)　6個
アーモンド　4粒
エシャロット　1/8個
ニンニク　1/2かけ(すりおろす)
リデュースド・バルサミックビネガー(P.193参照)　適量
塩　適量
黒胡椒　適量
EXVオリーブオイル　適量
タラゴンの葉　適量

— 作り方

1　エシャロットはみじん切りにして30分ほど水にさらして辛みを抜き、ペーパータオルで水気をきる。無花果は皮付きのまま1.5cm角に切り、セミドライトマトは半分に切り、アーモンドは粗く砕く。

2　馬肉は塩と黒胡椒をふり、ニンニクとオリーブオイルをすり込む。コンロに網をのせ、馬肉の表面を軽く炙り焼きにするか、バーナーで炙る。馬肉が完全に冷めたら、包丁で粗みじんにしてから軽く叩く。

3　ボウルに1と2を入れて軽く混ぜ、塩と黒胡椒で味を調える。

4　盛りつける。皿に3を盛り、ブッラータを添え、リデュースド・バルサミックビネガーを回しかけ、タラゴンをあしらう。

automne

無花果と胡桃、ビーツとブルーチーズのサラダ

無花果と胡桃、ビーツとブルーチーズは僕の好きな鉄板の組み合わせ。
最近ではさまざまな色のビーツが手に入るようになってきました。
今回は赤と黄色のビーツを使って色鮮やかに仕上げます。
仕上げに蜂蜜やリデュースド・バルサミックビネガーを少し垂らしても美味しいです。

recette

— 材料（4皿分）

- 無花果　1個
- ビーツ（黄・赤）　各¾個
- ブルーチーズ　20g
- 胡桃　6個
- レモン果汁　適量
- カレードレッシング（P.192参照）　大さじ1½
- 塩　適量
- 黒胡椒　少々
- EXV オリーブオイル　適量
- リデュースド・バルサミックビネガー（P.193参照）　適宜
- 蜂蜜　適宜
- バジルの葉　適量

— 作り方

1. ビーツは厚めに皮をむいてオリーブオイルを塗り、アルミホイルで包む。190℃に温めたオーブンですっと串が刺さるまで45分〜1時間焼き、アルミホイルを外して冷ます。ひと口大に切ってボウルに入れ、軽く塩をふり、カレードレッシングで和える。

2. 無花果は皮付きのまま4〜6等分のくし形切りにし、塩と黒胡椒を軽くふり、レモン果汁とオリーブオイルを加えて混ぜる。

3. ブルーチーズは2cm角に切る。胡桃は砕く。

4. 盛りつける。皿にビーツと無花果を盛り、ブルーチーズと胡桃を散らし、バジルをあしらう。好みでリデュースド・バルサミックビネガーか、蜂蜜をかけても美味しい。

— 下準備

- 焼くタイミングに合わせ、オーブンを190℃に予熱する。

automne

洋梨と赤タマネギ、メープルシロップの温かいサラダ

洋梨と赤タマネギを甘酸っぱくソテーする温かいサラダです。
甘みにメープルシロップを使うことで、いつもと一風変わった味わいになります。
メープルシロップにショウガとローズマリー。
あまり馴染みのない組み合わせかもしれませんが、どこかアメリカンな味わいになります。

recette

― 材料（2皿分）

洋梨　1個
赤タマネギ　¾個
ローズマリーの葉　2枝分
ショウガ　5g
シェリービネガー（または白ワインビネガー）　小さじ1
メープルシロップ　小さじ1
塩　適量
黒胡椒　適量
EXVオリーブオイル　大さじ1

― 作り方

1　洋梨は皮をむいて芯と種を取り、食べやすい大きさのくし形切りにする。赤タマネギは5㎜幅のくし形切りにする。ショウガはスライスする。

2　フライパンにオリーブオイルを引き、ショウガを弱火でソテーする。香りが立ったら、赤タマネギ、ローズマリー、シェリービネガー、メープルシロップを加え、軽くソテーする。そこに洋梨を加え（ショウガは取り出す）、さっと和えるようにソテーして塩と黒胡椒で味を調える。

3　盛りつける。皿に2を盛り、仕上げにフライパンに残ったオイルを回しかける。

automne

赤いサラダ

店でも人気の看板メニューのひとつです。
赤い色と相性のよい食材をそれぞれ別々に調理し、皿でひとつにまとめるサラダです。
食材ごとに別々に調理しているので、食べ進めるうちにさまざまな味わいを楽しめます。
馬肉を使っていますが、手に入らない場合は入れなくても美味しいですし、
代わりにローストビーフを加えても美味しいかと思います。
店では炭火で馬肉やトレビスを焼いていますが、
ここではコンロの直火で焼く方法を紹介しています。

recette

— 材料（2皿分）

- 馬肉（赤身。生食用） 100g
- ビーツ 1個
- 赤カブ ½個
- ニンニク 1かけ（すりおろす）
- トレビス 3枚
- アンディーブ（赤） 1個
- アンチョビフィレ 2枚（ペースト状に叩く）
- レモン果汁 ¼個分
- ヴィネグレットドレッシング（P.190参照） 大さじ1
- ホワイトバルサミコ酢 適量
- 塩 適量
- 黒胡椒 適量
- EXV オリーブオイル 適量
- ザクロの実 適量
- アマランサスの葉 適量

— 下準備

- 焼くタイミングに合わせ、オーブンを190℃に予熱する。
- ザクロは殻から実を外し、水を張ったボウルに放ち、殻をきれいに取り、余分な水分をペーパータオルで取る。

— 作り方

1 ビーツを準備する。ビーツは皮を厚めにむく。そうすることで土臭さが軽減される。皮をむいたビーツの表面にオリーブオイルを塗り、アルミホイルで包み、190℃に温めたオーブンで45分〜1時間、串がすっと刺さるようになるまで加熱する。ビーツに火が入ったらそのままアルミホイルを外して冷まし、食べやすい大きさに切る。

2 赤カブを準備する。赤カブはスライサーでスライスして軽く塩をふる。ボウルに入れ、ホワイトバルサミコ酢を回しかける。冷蔵庫で3〜4日保存可能。

3 馬肉を準備する。馬肉は軽く塩をふり、ニンニクをすり込む。店では藁焼きにしてタタキのように仕上げるが、オリーブオイルを引いたフライパンで一気に表面だけを強火で焼き上げる。表面が焼き上がったら冷まし、スライスして断面に軽く塩をふり、オリーブオイルを塗る。

4 トレビスを準備する。トレビスは1枚ずつはがし、大きめのひと口大に切る。表面にペースト状にしたアンチョビフィレとオリーブオイルを塗る。

5 4を網をのせたコンロで直火焼きにする。時間にしたら1枚につき10〜20秒、トレビスの表面の一部に焼き色がつき、トレビスの一部が軽くしんなりし始めた程度が理想的。コンロの直火の代わりにバーナーを使用してもよい。焼き色がついたら、素早く火から外して、レモン果汁を回しかけ、黒胡椒をふる。

6 赤アンディーブを準備する。赤アンディーブは食べやすい大きさに切る。ボウルに入れて軽く塩をふり、ヴィネグレットドレッシングで和える。

7 盛りつける。皿に準備した食材を盛る。オリーブオイルを回しかけ、ザクロとアマランサスを散らす。

automne

ハーブをたっぷり加えたポレンタとキノコソテー

ポレンタはトウモロコシ粉から作られる独特の風味を持つ粉。
その粉に鶏のブイヨンとチーズを加え、たっぷりのハーブで和えたものが大好きです。
ポレンタは作り慣れてくると2〜3分でできてしまいます。
でき立てが圧倒的に美味しいので、ぜひ食べる直前に仕上げてください。

recette

— 材料（2皿分）

［ ハーブのポレンタ ］
- ポレンタ　50g
- チャービルの葉　1枝分
- イタリアンパセリの葉　1枝分
- ディルの葉　1枝分
- パルミジャーノ・レッジャーノ　15g（削る）
- 鶏のブイヨン（P.188参照。またはコンソメスープ）　200ml
- 塩　適量
- 黒胡椒　適量

［ キノコソテー ］
- 大黒しめじ　1個
- ヒラタケ　1株
- エシャロット　1/8個
- ニンニク　1/2かけ
- イタリアンパセリの葉　適量
- バター（無塩）　大さじ1/2
- 塩　適量
- 黒胡椒　適量
- レモン　1/8個

— 作り方

1　ハーブのポレンタを作る。ハーブ類は粗く刻む。鍋に鶏のブイヨンを沸かし、ポレンタを加える。塩、黒胡椒、削ったパルミジャーノ・レッジャーノで味を調え、ハーブ類を加えてさっくり混ぜる。

2　キノコソテーを作る。大黒しめじとヒラタケは食べやすい大きさに切る。エシャロットとニンニクはみじん切りにし、イタリアンパセリは粗みじん切りにする。フライパンにバター、エシャロットとニンニクを入れ、弱火でソテーする。香りが立ってきたら、キノコ類を加え、塩と黒胡椒をふって蓋をする。キノコに火が通ったら火を止め、粗みじんに切ったイタリアンパセリを加えてレモンを搾る。

3　盛りつける。皿にポレンタを盛り、その上にキノコソテーをのせる。

automne

黒米と椎茸、フォワグラ、スライスした聖護院カブ

フォワグラの旨みを黒米が吸い、そこに椎茸とスライスした大根を被せ、
シェリービネガーのソースをかけた、まさに旨みの塊のような料理。
なかなか手間はかかりますが、
それぞれのパーツがひとつになったときの美味しさは格別です。

recette

— 材料（4皿分）

［黒米］
　ベーコン（ブロック）　20g
　黒米　70g
　エシャロット　1/4個
　塩　適量
　黒胡椒　適量
　サラダ油　適量
［椎茸］
　椎茸　大4枚
　胡麻油　大さじ1/2
　塩　適量
［聖護院カブ］
　聖護院カブ（ごく薄くスライスしたもの）　4枚
　水　適量
　塩　少々
［フォワグラ］
　フォワグラ　120g
　強力粉　適量
　サラダ油　少々
　塩　適量
シェリービネガーソース（P.193参照）　適量
キノコパウダー（P.196参照）　適量
マイクロリーフアマランサス　適量

— 作り方

1　黒米を準備する。小鍋に黒米と黒米が浸る程度の水を加えて強火にかけ、沸騰したら弱火にして30分茹でる。途中水分がなくなりそうになったら、水を適宜足す。ザルに上げて水気をきり、その後ペーパータオルの上に黒米を広げ、余分な水気を取る。エシャロットとベーコンはごく細かいみじん切りにする。

2　小鍋にサラダ油を引き、エシャロットとベーコンを弱火でソテーする。ボウルに黒米、ソテーしたエシャロットとベーコンを入れて混ぜ、塩と黒胡椒で味を調える。

3　椎茸を準備する。椎茸は石づきを切り落として塩をふる。フライパンに胡麻油を引いて中火にかけ、フライパンが熱くなったら椎茸と大さじ1程度の水を加え、素早く蓋をして蒸し焼きにする。

4　聖護院カブを準備する。聖護院カブは皮付きのままごく薄くスライスする。鍋に水を沸かし、スライスしたカブを5〜10秒茹でる。すぐに湯から引き揚げ、軽く塩をふる。

5　フォワグラを準備する。フォワグラは食べやすい大きさに切り、強力粉をまぶし、余分な粉を落とす。フライパンにサラダ油を引き、中火でソテーする。両面をきつね色に焼いたら塩をふる。

6　盛りつける。皿に2を盛り、その上に焼き立てのフォワグラ、椎茸と聖護院カブをのせ、シェリービネガーソースを回しかける。仕上げにキノコパウダーをふり、マイクロリーフアマランサスをあしらう。

automne

マッシュルームと乾燥ミントのスープ

トルコに旅行で訪れた際にカッパドキアの料理教室で習った家庭料理です。
日本ではミントはデザートに使われることが多いですが、
東南アジアから中近東、北アフリカでは料理にもミントをたくさん使います。
ここで紹介しているスープは僕なりにアレンジしたもので、乾燥ミントが味の決め手です。

recette

— 材料（2皿分）

ミント　3パック
タマネギ　½個
マッシュルーム　3パック
野菜のブイヨン（P.188参照）　750mℓ
生クリーム　100mℓ
塩　適量
黒胡椒　適量
EXVオリーブオイル　適量

— 作り方

1　乾燥ミントを作る。乾燥ネットなどにミントを入れ、天日が当たる風通しのよい場所で2日ほど干す。オーブンで作る場合は、ミントをバットに広げる。風で飛ばないように網などを被せ、120℃に温めたオーブンで45分ほど加熱して乾燥させる。

2　タマネギとマッシュルームはスライスする。鍋にオリーブオイル大さじ1とタマネギを入れ、タマネギがしんなりするまで弱火でソテーする。マッシュルームと塩を加え、3分ほどソテーする。野菜のブイヨンを加え、中火にして沸騰したらアクを取って弱火で15分ほど煮る。

3　2に生クリームを加えてブレンダーで滑らかになるまで撹拌し、塩と黒胡椒で味を調える。

4　盛りつける。温めたスープを器によそい、乾燥ミントをあしらい、オリーブオイルを回しかける。

automne

マッシュルームとトリュフ、ポーチドエッグのサラダ

卵とトリュフ。正に鉄板の組み合わせです。
ポーチドエッグ以外は、特に料理と呼べるような作業の必要のないひと皿ですが、
トリュフが入っているせいか、仕上がりはとてもガストロノミックな味わい。
材料が少ないだけに、卵やマッシュルームはぜひ新鮮で美味しいものを使ってほしいです。
ルックスもよく、寒くなると、ときどき作る料理。
ポイントはほんの少しかけるシェリービネガーとメープルシロップだと思っています。

recette

― 材料（2皿分）

マッシュルーム　6個
トリュフ　適量
EXVオリーブオイル　小さじ2
シェリービネガー（または白ワインビネガー）　小さじ2
メープルシロップ　小さじ1
塩　適量
［ポーチドエッグ］
　全卵　2個
　水　600ml
　酢（水に対して5%）　30ml
　塩　少々

― 作り方

1　ポーチドエッグを作る。卵は小さなボウルに割り入れておく。小鍋に分量の水、水に対して5%の酢を入れて沸かす。沸騰したら火を止め、菜箸またはスプーンで円を描くように混ぜ、渦を作る。湯に静かに卵を落とす。再度、弱火にかけ、最初は触らず、液面に泡がポコポコと沸き立つ程度の火加減を保ちながら1分半ほど茹でたら穴杓子で卵を裏返し、さらに1分茹でる。湯から引き上げ、ペーパータオルを敷いたバットにのせて水気を取り、塩をふる。

2　マッシュルームはスライサーでスライスして塩をふる。

3　皿に盛りつける。マッシュルームを盛り、ポーチドエッグをのせる。オリーブオイル、シェリービネガー、メープルシロップをそれぞれ軽く回しかけ、仕上げにスライサーでスライスしたトリュフを散らす。トリュフの香りを強くしたい場合は普通の塩の代わりにトリュフ塩を使うか、オリーブオイルの代わりにトリュフオイルを使ってもよい。

automne

マッシュルームのオムレツ、タラゴンとライムの風味

ほどよくコクがありながらも、爽やかさと軽さのある
オムレツが作りたいなと思ってできた料理です。
店のブランチでも人気のひと皿。

recette

— 材料（1個分）

全卵　2個
生クリーム　大さじ1
パルミジャーノ・レッジャーノ　6.5g（削る）
マッシュルーム　50g
タラゴンの葉　1/4枝分
ライム果汁　1/8個分
バター（無塩）　40g
塩　適量
黒胡椒　適量
ライムの皮　適量（削る）

— 作り方

1　マッシュルームはスライスする。ボウルに卵を割り入れ、生クリームと塩2つまみを加えて溶きほぐす。

2　フライパンにバター20gとマッシュルームを入れ、中火でさっとソテーする。タラゴンを加え、ライム果汁を回しかける。塩と黒胡椒で味を調え、ソテーしたマッシュルームはボウルなどに入れて取り置く。

3　同じフライパンをさっとふいて強火で熱し、バター20gを溶かす。卵液を加え、菜箸またはフォークで素早くかき混ぜる。卵が半熟状のスクランブルエッグになったら、ソテーしたマッシュルームとパルミジャーノ・レッジャーノをのせ、オムレツ状に仕上げる。

4　盛りつける。皿にオムレツをのせ、ライムの皮を散らす。

automne

栗とマッシュルーム、ベーコンのパイ

栗と相性のよいマッシュルームとベーコンをパイで包んで焼き上げます。
底面の生地は火が入りにくく、また水分を吸ってサクッと仕上がらないので、
あらかじめ焼いてから使います。

recette

— 材料（4個分）

パート・ブリゼ(P.197参照) 80g
パート・フィユテ(P.197参照) 200g
卵黄 1個
［詰め物］
　栗 150g
　マッシュルーム 100g
　ベーコン(ブロック) 200g
　バター(無塩) 20g
　塩 適量
　黒胡椒 適量
［ドリュール］
　卵黄 1個
　水 小さじ1

— 下準備

- 栗は熱湯に30分ほど浸けておく。
  そうすることで鬼皮がやわらかくなってむきやすくなる。
- 焼くタイミングに合わせ、オーブンを220℃に予熱する。

— 作り方

1　パート・ブリゼは麺棒で3mm程度の厚さ、6×14cm程度の大きさにのばす。オーブンシートを敷いた天板にのばした生地をのせ、220℃に温めたオーブンで6分焼く。

2　焼いた生地をオーブンから取り出して粗熱を取り、パン切り包丁を使って5×3cmの生地を4枚取る。

3　詰め物を作る。栗の鬼皮と渋皮をむく。むいた栗は水にさらしてアクを抜く。

4　アクを抜いた栗とマッシュルームを4等分のくし形切りにする。ベーコンは1cm角に切る。

5　フライパンにバターを入れて中火で熱する。バターが溶けたら栗、マッシュルーム、ベーコンを中火でソテーし、塩と黒胡椒で味を調え、火を止めてそのまま冷ます。

6　パート・フィユテは麺棒で3mm程度の厚さにのばし、2の生地より2回り程度大きく切る。糊とツヤ出しのためのドリュールの材料を混ぜる。

7　焼いたタルト生地の上にソテーした詰め物1/4量をのせ、のばした6の生地を被せて包む。被せた生地をタルト生地の下側までのばし、重なる部分にドリュールを刷毛で塗り、生地を結着させる。余った生地はハサミで切り取る。包んだパイの表面にもドリュールを塗り、再び220℃のオーブンで香ばしい焼き色がつくまで10分ほど焼く。

automne

栗のパンペルデュ

パンペルデュとはフランス語でフレンチトーストのこと。
卵液をしっかりパンに染み込ませ、仕上げにオーブンで焼くことで
染み込んだ卵が膨らみ、ふっくらもっちり仕上がります。
栗で贅沢にペーストとチップを作り、
カリッとしたチップスのパンペルデュとの食感の対比も楽しいです。
お店のブランチでも秋〜冬にかけて人気の一品。

recette

── 材料（4皿分）

［パンペルデュ］
フランスパン（3cm厚さにスライスしたもの）　4枚
全卵　2個
生クリーム　75g
牛乳　150g
グラニュー糖　60g
バター（無塩）　大さじ1½

［マロンペースト］
栗　200g（正味）
生クリーム　100g
グラニュー糖　80g

［マロンチップス］
栗　200g（正味）
揚げ油　適量

── 下準備

- 焼くタイミングに合わせ、オーブンを190℃に予熱する。

── 作り方

1　栗を茹でる。マロンクリームとマロンチップの栗は鍋に入れ、たっぷりの水を加えて中火にかける。沸騰したら弱火にして栗に火が入るまで40〜50分茹でる。茹で上がったら取り出し、氷水に放して粗熱を取り、鬼皮と渋皮をむく。そうすることで多少皮がむきやすくなる。

2　マロンペーストを作る。1の粗熱が取れたら半量を裏漉しし、生クリームとグラニュー糖を加えて滑らかになるまで混ぜる。

3　マロンチップスを作る。残りの栗はスライサーでスライスする。鍋に揚げ油を入れて160℃に温め、栗のスライスを素揚げする。栗がきつね色になったら油をきる。

4　パンペルデュを作る。ボウルに卵、生クリーム、牛乳、グラニュー糖を入れて泡立て器でよく混ぜる。フランスパンを卵液に浸し、染み込ませる。軽く手でパンをもむとしっかり卵液が染み込む。フライパンに弱火でバターを溶かし、パンを焼く。砂糖が入っているため焦げやすいので、弱火で注意深く両面をきつね色に焼き上げる。焼き色がついたらバットにのせ、190℃に温めたオーブンで4分ほど焼く。火が通ると染み込んだ卵液に含まれた卵が膨らむので、パンがふっくらと膨らんだらオーブンから取り出す。

5　盛りつける。パンペルデュを皿に盛ってマロンペーストを塗り、マロンチップスを刺す。

冬 —— hiver

recette → p158

浅利と芹のリゾット　芹の根のフリット

recette → p159

蓮根の揚げケーキと海老のソテー、蓮根のチップ

冬 | hiver

recette → p160

牛蒡のリゾットとフリット

recette → p161

牛蒡の赤ワイン煮とジャガイモのピュレ

recette → p162

菊芋のチップスとディップ

recette → p163

菊芋のヴルテとチップス、トリュフの香り

冬 | hiver

recette → p164

根セロリとリンゴのレムラード、胡桃のアクセント

recette → p165

根セロリと菊芋、マッシュルームのロースト、
ブルーチーズソース

冬 | hiver

recette → *p166*

柿とミカンとアンディーブのサラダ、ミカンの香りのジュレ

recette → p167

カブのファルシ、
鶏むね肉のローストとカブのソース

recette → p168

カブのサラダ、カブの葉のソース

recette → p168

安納芋のフリット

recette → *p169*

百合根と胡桃の温かいサラダ

冬 | hiver

recette → p170

帆立とカボチャのニョッキとセージ、
焦がしバター

recette → p171

バターナッツスクワッシュのヴルテ、
トマトのピュレ

冬 | hiver

recette → p172

ケールとジャガイモ、ポーチドエッグの温かいサラダ

recette → p173

カブと帆立、金柑のサラダ

冬 | hiver

recette → p174

雲丹、パースニップのピュレとトマトクラリフェのジュレ

recette → p175

パースニップのブランマンジェとニンジンのムース

recette → p176

ブドウとマスカルポーネの菊球

recette → p177

紅芯大根と洋梨、タラゴンのサラダ

recette → p177

白菜と生ハムのミルフィーユ

recette → p178

カリフラワーの丸ごとロースト、スパイシートマトソース

冬 hiver

recette → p179

recette → p180

カリフラワーのムジャッダラ

海老のケーキとカリフラワーのピュレ、
カレー風味のオイル

recette → p181

ブロッコッリーとムール貝のスープ

recette → p182

揚げたブロッコリーとブロッコリーのピュレ、
緑のトマト添え

冬 | hiver

recette → p183

下仁田ネギのローストと浅利のクリームソース

recette → p184

下仁田ネギと牡蠣のフォンダン、
ベイクドポテト

recette → p185

海老の里芋まんじゅう、海老のスープ

recette → p186

牛肉のステーキ、春菊のサラダ添え

recette → p187

アンディーブと胡桃、ロックフォールのタタン

hiver

浅利と芹のリゾット　芹の根のフリット

芹は葉だけでなく、根も美味しい野菜です。
根は火を加えないと食べにくいので、ここでは素揚げにして添えています。
そしてわざわざスープを取るのではなく、浅利を調理したときに出ただしを
利用することで手軽にリゾットを作ることができます。
和と洋の中間のような滋味深い味わいの一品なので、
ぜひ芹の美味しい季節に作ってみてください。
レモン果汁を加えてあっさりとしたアクセントを加えます。

recette

― 材料（2皿分）

浅利　10〜12個
芹　3束
米　90㎖
ニンニク　1かけ (スライスする)
鷹の爪　1本 (種を取る)
黒糖　ひとつまみ
白ワイン　60㎖
水　300㎖
パルミジャーノ・レッジャーノ　12g (削る)
レモン果汁　適量
塩　適量
黒胡椒　少々
バター (無塩)　20g
EXV オリーブオイル　大さじ1
揚げ油　適量

― 下準備

- 浅利は3％の塩水に浸けて冷蔵庫などの冷暗所に1時間以上置き、砂抜きする。

― 作り方

1　芹は根を切り落とし、1〜2㎝幅に切る。芹の根はよく洗って水気をふき、160℃に温めた揚げ油で素揚げにする。芹の根が揚がったらペーパータオルに置いて油をきり、軽く塩をふる。

2　鍋にオリーブオイル、ニンニク、鷹の爪、黒糖を入れて弱火にかける。香りが立ってきたら浅利と白ワインを加えて蓋をして強火にする。1分ほどしたら火を止め、口が開いた浅利から取り出す。口が開いていなかったら再度蒸し、口が開いてから取り出す。

3　2の鍋に残った浅利のスープは小鍋に移し、分量の水を加えて一度沸騰させて取り置く。

4　別の鍋にバターと米を入れて中火にかける。木ベラでかき混ぜながらソテーし、バターで米をコーティングするイメージで2分ほどソテーする。

5　4に軽く塩をふり、下味をつける。取り置いた浅利のスープ1/3量を加えて弱火にする。スープがなくなりそうになったら残りのスープを数回に分けて少しずつ加え、リゾットを作る。米がアルデンテになったらパルミジャーノ・レッジャーノと黒胡椒、芹の葉を加える。レモン果汁をふり、味を見て必要であれば塩で味を調える。

6　盛りつける。器にリゾットと取り置いた浅利を盛る。オリーブオイル (分量外) を回しかけ、揚げた芹の根をのせる。

hiver

蓮根の揚げケーキと海老のソテー、蓮根のチップ

蓮根はデンプン質を多く含んだ野菜です。
そのためすりおろして練り物のように仕立てることができます。
すべてをすりおろさずに、一部を小さな角切りにして混ぜ込むと、
シャキシャキとした食感を残すことができます。
また揚げた蓮根のチップを添えることで、ひと皿でさまざまな食感を楽しめます。

recette

― 材料（4皿分）

［蓮根の揚げケーキ］
　蓮根　200g
　ローズマリーの葉　1/8枝分
　片栗粉　小さじ1
　塩　適量
　黒胡椒　少々
　揚げ油　適量
［蓮根のチップ］
　蓮根　1/8本
　揚げ油　適量
［海老のソテー］
　むき海老（ブラックタイガーやバナメイ海老など）
　　4尾分（50g）
　ニンニク　1/2かけ
　タイムの葉　1/3枝分
　ピメント・デスペレット（または一味唐辛子）＊
　　ひとつまみ
　塩　適量
　EXVオリーブオイル　適量
＊バスク地方の辛いピーマンの粉末。

― 作り方

1　蓮根の揚げケーキを作る。蓮根30gは食感を残すために5㎜角にする。残りの蓮根はすりおろす。すりおろした蓮根は軽く水気を絞ってボウルに入れる。ローズマリーは極細かなみじん切りにする。ボウルに切った蓮根、ローズマリー、片栗粉、塩、黒胡椒を入れて混ぜ、4等分して平たい円盤型に成形する。170℃に温めた揚げ油で蓮根のケーキをきつね色になるまで香ばしく揚げる。

2　蓮根のチップを作る。蓮根は皮をむき、スライサーでスライスする。1の揚げ油の温度を160℃に下げ、蓮根を素揚げする。蓮根がきつね色になったら油から引き上げ、ペーパータオルに取り、油をきる。

3　海老のソテーを作る。海老は背ワタを取り、塩とピメント・デスペレットを軽くふる。フライパンにオリーブオイルとニンニクを入れて弱火で加熱する。香りが立ったらタイムと海老を加えてさっとソテーする。

4　盛りつける。皿に蓮根の揚げケーキを盛り、その上にソテーした海老と蓮根のチップスをのせる。

hiver

牛蒡のリゾットとフリット

牛蒡は香りがとてもよい根菜です。
煮たり揚げたりすることで、その特有の香りを残しながら、食感が変化します。
ここでは仕上げに牛蒡のフリットをのせることでカリッとした食感をプラス。
うちの店ではよく鴨肉のローストにこの牛蒡のリゾットと
牛蒡のフリットを添えたりしています。
牛蒡のフリットは茶色くなるまで揚げてしまうと苦みが出るので、
少しでも色づき始めたらすぐに油から引き上げ、
その後は100〜130℃のオーブンで
10分ほど水分を飛ばすように加熱してカリカリに仕上げます。

---

recette

— 材料（2皿分）

[牛蒡のフリット]
- 牛蒡　½本
- 揚げ油　適量

[牛蒡のリゾット]
- 牛蒡　¼本
- タマネギ　¼個
- 米　180㎖
- バター（無塩）　大さじ2
- 鶏のブイヨン（P.188参照）　400㎖
- 水　200㎖
- パルミジャーノ・レッジャーノ　20g（削る）
- 塩　適量
- 黒胡麻　適量

— 作り方

1　牛蒡のフリットを作る。牛蒡はタワシで汚れを落とし、ピーラーで細いリボン状にむく。鍋に揚げ油を入れて160℃に温め、牛蒡をじっくり素揚げにする。油の泡の量が少なくなり、牛蒡がきつね色に色づいたらペーパータオルで油をきる。牛蒡は色づき始めると一気に急に焦げやすくなるので注意する。さらに120℃に温めたオーブンで20分ほど乾燥させると、カリッとした牛蒡のフリットができ上がる。

2　牛蒡のリゾットを作る。鍋で鶏のブイヨンと分量の水を合わせて沸かす。牛蒡はタワシで汚れを落とし、極薄くスライスする。タマネギはみじん切りにする。小鍋にバターを入れ、タマネギを弱火でソテーし、しんなりしたら米を加えて塩をふる。米をバターでコーティングするイメージで2分ほどソテーする。

3　牛蒡を加え、沸かした鶏のブイヨンを米と牛蒡がひたひたになる浸る程度に加える。冷たいブイヨンを加えると、米を茹でるのに時間がかかり、仕上がりがベタッとしてしまうので必ず沸かしたものを使う。ブイヨンがなくなりそうになったら沸いているブイヨンを適宜足す。米がアルデンテに仕上がったら、パルミジャーノ・レッジャーノを加えてさっくり混ぜ、塩と黒胡椒で味を調える。

4　盛りつける。器に牛蒡のリゾットをよそい、牛蒡のフリットをのせる。

hiver

牛蒡の赤ワイン煮とジャガイモのピュレ

美味しい牛蒡はときにメインディッシュの肉に勝るような
美味しい料理に変身します。
あまり市場には出回りませんが、山牛蒡や堀川牛蒡などが
手に入ったら、ぜひ作ってみてほしい一品です。
堀川牛蒡を使う場合は、食べやすい大きさに切り分けてください。

recette

― 材料（2皿分）

[牛蒡の赤ワイン煮]

ベーコン（ブロック）　50g
牛蒡　320g
きび砂糖　5g
バター（無塩）　40g
シェリービネガー（または黒酢）　40ml
ポルトワイン　180ml
赤ワイン　150ml
鶏のブイヨン（P.188参照）　400ml
水　適量
塩　適量
黒胡椒　適量

[ジャガイモのピュレ]

ジャガイモ　500g
ニンニク　1かけ（スライスする）
生クリーム　100ml
牛乳　150ml
バター（無塩）　15g
塩　適量
白胡椒　適量

― 作り方

1　牛蒡の赤ワイン煮を作る。牛蒡はタワシで汚れを落とし、10cm長さに切る。ベーコンは1cmの角切りにする。鍋にきび砂糖を入れて中火にかけ、きび砂糖が色づいてきたらベーコン、バター、牛蒡を加え、軽く塩をふる。中弱火にしてキャラメルをまとわせるようにソテーする。シェリービネガー、ポルトワイン、赤ワイン、黒胡椒を加えて煮詰める。水分が1/5量程度まで煮詰まり、とろみがついたら鶏のブイヨンを加える。牛蒡が液体に浸らなかったら牛蒡が浸る高さまで水を加え、一度沸騰させる。沸騰したら落とし蓋をして弱火で45分ほど煮て、やわらかくなっていたら牛蒡を取り出す。まだかたいようだったら、やわらかくなるまでさらに煮込む。鍋に残った液体を煮詰めてとろみと照りが出たら牛房を戻し、とろみのついた液体を絡ませる。

2　ジャガイモのピュレを作る。ジャガイモは皮をむき、1cm厚さに切る。鍋にジャガイモとニンニクを入れ、ジャガイモが浸る量の水を加えて中火にかける。沸騰したら中弱火にし、そのままジャガイモがやわらかくなるまで15〜20分煮る。

3　ジャガイモに串がすっと簡単に刺さるようになったらザルに上げて水気をきり、また鍋に戻す。

4　小鍋に生クリームと牛乳を入れて中火にかけ、一度沸かす。ジャガイモの鍋に加え、再度火にかけて沸いたらマッシャーでジャガイモを潰し、バター、塩、白胡椒で味を調えて裏漉しする。

5　盛りつける。皿にジャガイモのピュレを盛り、その上に牛蒡の赤ワイン煮をのせる。

hiver

菊芋のチップスとディップ

菊芋は捨てるところがない野菜。
皮まで美味しく食べることができます。
ここではあえて皮を厚めにむき、
それを揚げてチップスを作ります。
菊芋のディップを添え、菊芋を丸ごと味わえるひと皿です。

recette

— 材料（4皿分）

菊芋　600g
マヨネーズ（P.190参照）　20g
パルミジャーノ・レッジャーノ　7g（削る）
アンチョビフィレ　4g（ペースト状に叩く）
ニンニク　少々（すりおろす）
バター（無塩）　40g
水　適量
塩　適量
黒胡椒　適量
揚げ油　適量

— 作り方

1　菊芋は洗い、皮を厚くむき、むいた皮はチップスにするので取り置く。

2　菊芋のディップを作る。皮をむいた身は火が入りやすいように5㎜幅に切る。鍋にバターと菊芋の身を入れ、中弱火で5分ほどソテーする。全体にバターが回ったら、菊芋が浸る程度の水を加えて中火にする。沸騰したらアクを取り、落とし蓋をしてやわらかくなるまで40分ほど弱火で煮る。蓋を外して菊芋が焦げないように注意しながら中火で水分を飛ばす。

3　2をブレンダーで滑らかになるまで撹拌し、塩と黒胡椒で味を調える。粗熱を取り、完全に冷たくなるまで冷蔵庫で冷やす。

4　3が冷えたら、マヨネーズ、パルミジャーノ・レッジャーノ、ペースト状にしたアンチョビフィレ、ニンニクを加えてよく混ぜる。

5　菊芋のチップスを作る。小鍋に揚げ油を170℃に温め、菊芋の皮をカリッと揚げる。揚がったらペーパータオルに取り、軽く塩をふる。

6　皿に盛りつける。器に菊芋のディップを盛り、菊芋のチップスを添えて粗く挽いた黒胡椒をたっぷりふる。

hiver

菊芋のヴルテとチップス、トリュフの香り

菊芋はとても魅力的な野菜。
生でも、煮ても、ローストしても、揚げても美味しいです。
ヴルテとは厚みのあるポタージュのようなもの。
ピュレとスープのちょうど中間程度の濃度が理想的です。
ここではソテーしてから水を加えてヴルテに仕立てたものに、
菊芋のチップスを合わせることでカリッとした食感を加えます。

---

recette

— 材料（2皿分）

[菊芋のヴルテ]
　菊芋　200g
　バター（無塩）　30g
　水　適量
　塩　適量
　黒胡椒　適量
[菊芋のチップス]
　菊芋　適量
　揚げ油　適量
トリュフオイル　適量
黒胡椒　適量

— 作り方

1　菊芋のヴルテを作る。菊芋は皮をむき、火が入りやすいように5mm幅に切る。鍋にバターと菊芋の身を入れ、10分ほど弱火でソテーする。菊芋がひたひたに浸る程度の水を加えて中火にして沸騰したらアクを取り、弱火にする。蓋をして完全にやわらかくなるまで煮たら、ブレンダーで滑らかになるまで撹拌して塩と黒胡椒で味を調える。

2　菊芋のチップスを作る。菊芋は洗い、ペーパータオルで水気を取り、スライサーでスライスする。小鍋に揚げ油を170℃に温め、カリッとするまで揚げる。揚がったらペーパータオルに取り、油をきる。

3　盛りつける。器に温めたヴルテをよそい、菊芋の皮のチップスをのせる。トリュフオイルを回しかけ、粗く挽いた黒胡椒をたっぷりふる。

hiver

根セロリとリンゴのレムラード、胡桃のアクセント

根セロリは火を入れても生で食べても美味しい野菜。
もし根セロリが売られているのを見かけたら、ぜひ調理してみてください。
フランス料理で根セロリのいちばんポピュラーな調理法は
レムラード・ソースで和えたサラダです。
レムラードとはマヨネーズベースにハーブを加えたソース。
今回は根セロリと相性のよい、リンゴと胡桃を加えますが、根セロリだけでも美味しいです。

recette

— 材料（2皿分）

根セロリ　1/4個
リンゴ　1/2個
胡桃　10粒
レモン果汁　適量
塩　適量
[レムラード・ソース]
　マヨネーズ(P.190参照)　100g
　イタリアンパセリの葉　1枝分
　チャービルの葉　1枝分
　ディルの葉　1枝分

— 作り方

1　レムラード・ソースを作る。マヨネーズに刻んだハーブ類を加えてよく混ぜる。

2　根セロリの皮をむき、5mm角の細切りにする。軽く塩をふってもみ、変色を防ぐためにレモン果汁をかけ、少ししんなりするまで冷蔵庫などで1時間ほど休ませる。

3　リンゴは根セロリと同様の大きさに切り、レモン果汁をふる。

4　ボウルに根セロリ、リンゴ、砕いた胡桃を入れ、レムラード・ソースで和える。

hiver

根セロリと菊芋、マッシュルームのロースト、ブルーチーズソース

根セロリと菊芋、マッシュルームをオーブンで
じっくりローストして、甘みと旨みを引き出しています。
食べ応えがあり、満足感も高く、ブルーチーズソースで仕上げれば、
身体も温まる豪華なひと皿となります。

recette

— 材料（2皿分）

根セロリ　1/8個
菊芋　4個
マッシュルーム　3個
［ブルーチーズソース］(作りやすい分量)
　白ワイン　80㎖
　ブルーチーズ　60g
　生クリーム　200㎖
　塩　適量
キノコパウダー(P.196参照)　適量
塩　適量
黒胡椒　適量
サラダ油　適量
アマランサスの葉　適量

— 下準備

・焼くタイミングに合わせ、オーブンを190℃に予熱する。

— 作り方

1　ブルーチーズソースを作る。小鍋に白ワインを入れて火にかけて煮詰める。白ワインが鍋底に膜のように微かに残る程度まで煮詰めたら、ブルーチーズと生クリームを加えて泡立て器で混ぜ、ブルーチーズを完全に溶かす。味を見て必要であれば塩で味を調える。

2　根セロリは皮をむき、表面にサラダ油を塗ってアルミホイルで包み、190℃に温めたオーブンで45分ほど串がすっと簡単に刺さるようになるまで焼く。菊芋は洗い、皮がついたまま同様にサラダ油を表面に塗り、アルミホイルで包んで、同じオーブンで30分ほど串がすっと刺さるまで焼く。マッシュルームも同様にサラダ油を塗り、バットにのせて同じオーブンで3分ほど焼く。

3　焼いた根セロリと菊芋を食べやすい大きさに切り、塩で味を調える。マッシュルームはスライスして塩をふる。

4　盛りつける。皿にブルーチーズソースを流し、根セロリと菊芋、マッシュルームを盛る。黒胡椒とキノコパウダーをふり、アマランサスをあしらう。

hiver

柿とミカンとアンディーブのサラダ、ミカンの香りのジュレ

ミカンには爽やかで、どこか日本を感じさせる特有の香りがあります。
瑞々しいアンディーブとミカン、柿を合わせた山吹色の美しいサラダです。
ミカンの香りをサラダに加えるために、皮を乾燥させて陳皮に仕立てます。
ここでは青カビタイプのロックフォールチーズを添えますが、
シェーブルチーズも相性がよくておすすめです。

recette

── 材料（4皿分）

[柿とミカンとアンディーブのサラダ]
- ミカンの果肉　1個分
- 柿　1個
- アンディーブ　½個
- バジルの葉　適量
- ヴィネグレットドレッシング(P.190参照)　適量
- EXVオリーブオイル　適量
- 塩　適量

[ミカンの香りのジュレ]（作りやすい分量）
- ミカンの皮　3個分
- 白ワイン　200㎖
- 水　100㎖
- グラニュー糖　7g
- レモン果汁　大さじ2
- 板ゼラチン　煮汁の重さの2％

- ブルーチーズ(ロックフォールなど)　適量
- バジルの葉　適量

── 下準備

- 使用するタイミングに合わせ、オーブンを90〜110℃に予熱する。

── 作り方

1　ミカンの香りのジュレを作る。ミカンは皮をむき、皮の内側の白い部分は包丁でそぎ取る。果肉はサラダに使う。

2　ミカンの皮のジュレを作る。小鍋に白ワインを沸かし、アルコール分を飛ばしたら分量の水とグラニュー糖を加え、再度沸かす。ミカンの皮を加えて弱火で20分ほど煮て、そのまま冷ます。ミカンの皮を取り出し、取り置く。煮汁にレモン果汁を加えて味を調える。

3　2の重さを量り、その重さの2％の板ゼラチンを氷水でふやかす。煮汁に加えて火にかけ、ゼラチンを溶かしきったらボウルに移し、氷水に当てて冷やす。完全に冷えたら、冷蔵庫に移して冷やしかためる。

4　取り置いたミカンの皮はペーパータオルで水気を取り、90〜110℃に温めたオーブンまたはフードドライヤーに入れ、2時間ほどパリッとなるまで乾燥させる。

5　柿とミカンとアンディーブのサラダを作る。ミカンの皮をむき、薄皮から果肉を取り出す。柿は皮をむいて食べやすい大きさに切り、種があったら取る。柿に軽く塩をふり、オリーブオイルをかける。

6　アンディーブは食べやすい大きさに切る。軽く塩をふり、ヴィネグレットドレッシングで和える。

7　盛りつける。皿にサラダを盛り、ジュレをかける。食べやすい大きさに切ったブルーチーズをのせ、乾燥させたミカンの皮とバジルをあしらう。

hiver

カブのファルシ、鶏むね肉のローストとカブのソース

カブの身をくり抜き、そこに椎茸やベーコンなどの旨みが強い食材のソテーを詰めます。
詰め物をしたカブと鶏肉を同じ鋳物の鍋で蒸し焼きにするのがこの料理のポイント。
その煮汁には鶏肉と詰め物の両方から旨みが溶け出しています。
これでくり抜いたカブの身をソースにする、まさに無駄のない一品です。

recette

— 材料（2皿分）

鶏むね肉　1枚
ニンニク(潰す)　1かけ
塩　適量
白胡椒　適量
［ カブのファルシ ］
　カブ　2個
　ベーコン(ブロック)　30g
　椎茸　2個
　エシャロット　1/8個
　ショウガ　少々(すりおろす)
　スペルト小麦　20g
　鶏のブイヨン(P.188参照)　300ml
　ローリエ　1枚
　塩　適量
　黒胡椒　適量
　バター(無塩)　15g
　サラダ油　適量

— 作り方

1　鶏肉は塩と白胡椒をふっておく。

2　カブのファルシを作る。カブは上部を水平に切り離し、蓋とするため取り置く。下部は切り口に格子状の切り込みを入れ、小さなティースプーンで果実をくり抜き、カブの器を作る。くり抜いた実も取り置く。

3　ファルシの詰め物を準備する。湯を沸かし、塩ひとつまみを加えてスペルト小麦を15分ほど茹でる。スペルト小麦をザルに上げ、ペーパータオルで水気は取る。椎茸は石づきを切り落として5mm角に切り、エシャロットとベーコンはみじん切りにする。蓋付きの鋳物の鍋にサラダ油を引き、ベーコン、椎茸、エシャロット、ショウガを加えて弱火でソテーする。椎茸に火が入ったらボウルに移し、スペルト小麦加えて塩と黒胡椒で味を調える。

4　鶏肉を焼く。上記の鍋は洗わずに、サラダ油を足す。ローリエを加え、鶏肉の皮目を下にして焼き色をつけるように焼く。皮面を焼いている間、肉は動かさないようにする。皮面がきつね色に焼けたら、一度取り出して油をきる。バターを加え、皮目を上にして鍋に戻し、空いているスペースにカブの容器と蓋を置く。

5　鶏のブイヨンを加えてフタをして弱火にかける。5～10分加熱し、カブにすっと串が刺さるようになっていたら取り出す。鶏肉も完全に火が入ったら取り出す。カブは火を入れ過ぎると形が崩れるので注意する。

6　カブのソースを作る。鍋に残ったスープにくり抜いたカブの身を加えて蓋をして弱火にする。2分ほど加熱し、カブがやわらかくなったら鍋の中身をブレンダーで滑らかになるまで撹拌し、塩と白胡椒で味を調えてソースにする。

7　盛りつける。皿にカブのソースを流して詰め物を入れたカブの容器を盛る。鶏肉はそぎ切りにして添え、断面に軽く塩をふる。

été

カブのサラダ、カブの葉のソース

カブのスライスをカブの葉で作ったソースで和えたサラダ。
緑色が美しいひと皿で、肉料理などの付け合わせにも美味しいと思います。

recette

―― 材料（2皿分）

カブ　200g
[カブの葉のソース]
　カブの葉　50g
　アンチョビフィレ　6g（ペースト状に叩く）
　ニンニク　1.5g（すりおろす）
　レモン果汁　6〜7g
　EXVオリーブオイル　100g
　黒胡椒　適量
　塩　適量

―― 作り方

1　カブの葉のソースを作る。カブの葉は茎を外し、カブの葉、ペースト状にしたアンチョビフィレ、ニンニク、レモン果汁、オリーブオイル、黒胡椒を合わせてブレンダーで滑らかになるまで撹拌する。味を見て必要であれば塩で味を調える。

2　カブはスライサーでスライスする。軽く塩（分量外）をふり、5分ほど置いてしんなりさせ、カブの葉のソースで和える。

été

安納芋のフリット

安納芋を電子レンジで火を入れ、軽く潰すことでわざと亀裂を作ります。
そこに強力粉をふって揚げることで、亀裂の部分がザクザクした食感になります。
このやり方でさまざまな芋類を揚げることができます。
一緒にタイムやローズマリーを揚げても美味しいです。
ビールのおともにもおすすめのひと皿です。

recette

―― 材料（2皿分）

安納芋　200g
強力粉　適量
塩　適量
揚げ油　適量

―― 作り方

1　安納芋は洗い、耐熱容器に入れてラップを被せる。安納芋の大きさにもよるが、600Wの電子レンジで5〜10分串がすっと刺さる程度のかたさになるまで加熱する。火を入れ過ぎると安納芋が崩れてしまうので注意する。

2　安納芋を手で押して軽く潰す。自然にできたランダムな亀裂を利用し、食べやすい大きさに手で裂く。安納芋に強力粉をまぶし、余計な粉は落とす。

3　鍋に揚げ油を170℃に温め、安納芋の表面がガリッとするまで揚げる。油を切り、軽く塩をふって器に盛る。

hiver

百合根と胡桃の温かいサラダ

茹でた百合根のほっくりとした食感とローストした胡桃の食感の対比が楽しいひと皿。
温めてレモンの香りが立ったアンチョビレモンドレッシングをかけて仕上げます。

---

recette

— 材料（2皿分）

百合根　1½個
胡桃　8粒
塩　適量
［アンチョビレモンドレッシング］
　アンチョビフィレ　10g（ペースト状に叩く）
　レモン果汁　15g
　レモンの皮　少々（削る）
　ディジョンマスタード　20g
　蜂蜜　13g
　EXVオリーブオイル　30g
　黒胡椒　適量

— 下準備

- 使用するタイミングに合わせ、オーブンを160℃に予熱する。

— 作り方

1　アンチョビレモンドレッシングを作る。材料をすべて合わせ、ブレンダーで滑らかになるまで撹拌する。小鍋に入れて弱火で温める。

2　百合根は1枚ごとに根から外し、胡桃は160℃に温めたオーブンで5〜10分ローストする。

3　鍋に湯を沸かし、百合根を1分ほど茹でる。食感を残すために茹で過ぎに注意する。

4　茹で上がった百合根に軽く塩をふり、下味をつける。

5　盛りつける。皿に百合根と胡桃を盛り、温めたアンチョビレモンドレッシングを回しかける。

hiver

帆立とカボチャのニョッキとセージ、焦がしバター

カボチャはニョッキにしても美味しい野菜です。
カボチャ、帆立貝と相性のよいバターを使ったソースに、
セージの香りをのせて爽やかに仕上げます。
フライパンに残った焦げ（シュック）を利用してソースにします。

---

recette

— 材料（2皿分）

帆立貝柱　4個
［カボチャのニョッキ］（作りやすい分量）
　カボチャ（黒カボチャや坊ちゃんカボチャなど）　1/2個
　強力粉　カボチャの重さの35％
　卵黄　1/2個
　パルミジャーノ・レッジャーノ　10g（削る）
　塩　2.5g
セージの葉　4枚
シェリービネガー（または白ワインビネガー）　50ml
バター（無塩）　50g
EXVオリーブオイル　適量
塩　適量

— 下準備

- 焼くタイミングに合わせ、オーブンを190℃に予熱する。

— 作り方

1　カボチャのニョッキを作る。カボチャは皮をむき、種とワタを取る。カボチャはアルミホイルで包み、190℃に温めたオーブンで50分ほど焼く。カボチャに火が入ったら、目の粗いザルで裏漉しする。裏漉ししたカボチャをバットに広げて、150℃に下げたオーブンで5分ほど加熱して水分を飛ばす。

2　ボウルに裏漉ししたカボチャの重さを量り、その重さの35％の強力粉を準備する。

3　ボウルに2、卵黄、パルミジャーノ・レッジャーノ、塩を加えて軽く捏ね、生地をまとめる。棒状にのばし、包丁またはスケッパーなどを使い、食べやすい大きさに切り分ける。切り分けた生地を丸め、フォークの背などを使ってソースが絡みやすいように凹凸をつける。この状態で冷凍保存が可能。

4　鍋に湯を沸かす。湯に対して塩1％を加え、ニョッキを茹でる。ニョッキの大きさにもよるが、茹で時間はだいたい3分前後。ニョッキが湯の中で浮き上がり始めたら、すくい上げて氷水に取る。ペーパータオルで余分な水気を取る。

5　茹でたニョッキを焼く。ニョッキはくっつきやすいので、フッ素樹脂加工のフライパンを用意する。オリーブオイルを引き、ニョッキを軽く焼き色がつくように焼く。

6　帆立とソースを準備する。フライパンを強火にかけ、熱くなったらオリーブオイルを引いて帆立を強火で一気に焼く。焼いている間帆立は動かさない。片面が焼けたらもう片面も焼く。焼けたらすぐにフライパンから取り出し、軽く塩をふる。

7　6のフライパンは洗わずにシェリービネガーを加えて煮立たせる。フライパンに残った焦げ（シュック）をこそげて混ぜる。バターとセージを加えてさっと沸かし、塩で味を調える。

8　盛りつける。皿にフライパンに残ったソースを回しかける。帆立とニョッキを盛り、セージ（分量外）をあしらう。

hiver

バターナッツスクワッシュのヴルテ、トマトのピュレ

35年前カリフォルニアに住んでいたときに
料理雑誌に載っていたのを真似て作って以来、
気に入ってずっと作り続けているバターナッツスクワッシュのヴルテ。
初めてバターナッツスクワッシュというものを食べて、
その美味しさにびっくりしました。
バターナッツスクワッシュにはキャラウェイシードがよく合います。
もしバターナッツスクワッシュが手に入らない場合は、
カボチャとニンジンを2：1の割合で混ぜてたものでの代用しても。
今回はひと皿で飽きずに楽しめるように焦がしトマトソースをあしらいます。
途中で混ぜると、また一味違った味に変化します。
ヴィーガン仕立てにしたい場合は、
鶏のブイヨンをヴィーガン・ブイヨン（P.189）に変更してください。

recette

— 材料（2皿分）

バターナッツスクワッシュ　1/2個
タマネギ　1/2個
ニンニク　1かけ
キャラウェイシード　5g
鶏のブイヨン（P.188参照。または昆布だし）　500㎖
水　適量
焦がしトマトソース（P.195参照）　適量
塩　適量
黒胡椒　適量
EXVオリーブオイル　適量

— 作り方

1　バターナッツスクワッシュは皮をむいて種とワタを取り、2～3㎝幅の乱切りにする。タマネギも同様に切り、ニンニクは潰す。

2　鍋にオリーブオイルを引き、バターナッツスクワッシュ、タマネギ、ニンニク、キャラウェイシードを加え、蓋をして弱火で6～8分ソテーする。鶏のブイヨン、バターナッツスクワッシュが浸る程度の水を加え、蓋をして中火にする。沸騰したら弱火にしてバターナッツスクワッシュがやわらかくなるまで30分ほど煮る。ブレンダーで滑らかになるまで撹拌し、塩と黒胡椒で味を調える。

3　盛りつける。器に温めたヴルテをよそい、焦がしトマトソースを添え、オリーブオイルを回しかけ、黒胡椒をたっぷりふる。

hiver

ケールとジャガイモ、ポーチドエッグの温かいサラダ

ケールは生でも美味しいけれど、
さっと瞬間的に火を通すと、また格別の美味しさがあります。
今回はケールでジェノヴェーゼソースを作り、茹で立てのジャガイモに絡め、
さっとソテーしたケールと合わせて温かいサラダを作ります。
でき立てがいちばん美味しいサラダです。

recette

— 材料（4皿分）

ジャガイモ（または新ジャガイモ）　小10個
ケール　6枚
[ケールのジェノヴェーゼソース]
　ケール　4枚
　ニンニク　½かけ（スライスする）
　パルミジャーノ・レッジャーノ　10g（削る）
　アンチョビフィレ　6g（ペースト状に叩く）
　レモン果汁　15g
　水　適量
　塩　適量
　黒胡椒　適量
　EXV オリーブオイル　小さじ2
[ポーチドエッグ]
　全卵　4個
　水　600ml
　酢　30ml（水に対して5％）
レモン果汁　適量
塩　適量
黒胡椒　適量
EXV オリーブオイル　適量

— 作り方

1　ケールのジェノヴェーゼソースを作る。ケールのかたい軸は取る。フライパンにオリーブオイルを引き、中火でケールをさっとソテーする。ソテーしたケール、ニンニク、パルミジャーノ・レッジャーノ、ペースト状にしたアンチョビフィレ、レモン果汁、黒胡椒、オリーブオイルを加え、ブレンダーで滑らかになるまで撹拌する。回らないようであれば、水を少量加える。味を見て必要であれば塩で味を調える。

2　ポーチドエッグを作る。卵は小さなボウルに割り入れておく。小鍋に分量の水、水に対して5％の酢を入れて沸かす。沸騰したら火を止め、菜箸またはスプーンで円を描くように混ぜ、渦を作る。湯に静かに卵を落とす。再度、弱火にかけ、最初は触らず、液面に泡がポコポコと沸き立つ程度の火加減を保ちながら1分半ほど茹でたら穴杓子で卵を裏返し、さらに1分茹でる。湯から引き上げ、ペーパータオルを敷いたバットにのせて水気を取り、塩をふる。

3　ジャガイモは皮をむく。新ジャガイモの場合は洗うだけでよい。小鍋に湯を沸かし、ジャガイモを茹でる。茹で上がったら軽く塩をふって下味をつけ、ケールのジェノヴェーゼソースをまとわせる。ケールはフライパンにオリーブオイルを引き、さっとソテーして塩と黒胡椒をふり、レモン果汁をふる。

4　盛りつける。皿にソテーしたケールとジャガイモを盛り、ポーチドエッグをのせ、黒胡椒をふる。

hiver

カブと帆立、金柑のサラダ

冬から春の始まりに、美味しくなるカブと金柑。
帆立ももちろん美味しい季節です。
旬を詰め込んだカブの黄色と白のコントラストが美しいひと皿を紹介します。
ここで登場するカブのマリネは、さまざまな根菜料理で応用できます。
このひと皿に爽やかさを加えるのがハーブのアクセント。
紅芯大根や黒大根で作ると、同様にとても美しい仕上がりになります。

recette

— 材料（4皿分）

帆立貝柱(生食用)　6個
カブ(黄・白)　各1/2個
金柑　4個
レモン果汁　1/4個分
ホワイトバルサミコ酢　大さじ4
EXVオリーブオイル　適量
塩　適量
黒胡椒　適量
ディルの葉　1枝分
タラゴンの葉　1枝分

— 作り方

1　カブはスライサーで薄くスライスする。

2　重ならないようにバットに広げ、均等に塩を軽くふる。ボウルに移し、ホワイトバルサミコ酢を回しかけ、5分以上置く。

3　金柑は4〜5枚にスライスし、種を取る。

4　帆立貝柱は水平に半分の厚さに切り、バットに移す。塩と黒胡椒をふってレモン果汁をかけ、下味をつける。

5　盛りつける。皿にカブを広げ、その上に帆立貝柱と金柑を盛る。ディルとタラゴンを散らし、オリーブオイルを回しかける。

hiver

雲丹、パースニップのピュレとトマトクラリフェのジュレ

白ニンジンとも呼ばれる、ほんのり自然な甘みのあるパースニップをピュレにして、トマトクラリフェのジュレで旨みと酸味を合わせた相性抜群の一品です。

recette

— 材料（2皿分）

雲丹　適量
［パースニップのピュレ］（作りやすい分量）
　パースニップ　1本（200g）
　バター（無塩）　20g
　水　400ml
　塩　適量
［トマトクラリフェのジュレ］
　トマトクラリフェ（P.194参照）　120g
　板ゼラチン　トマトクラリフェの重さの1.6%
　塩　適量
パースニップ（仕上げ用）　適量
フルール・ド・セル　適量

— 作り方

1　パースニップのピュレを作る。パースニップは皮をむき、スライスする。鍋にバター、パースニップ、塩ひとつまみを入れて弱火にかける。パースニップが少ししんなりするまで10分ほどソテーする。分量の水を加えて中火にし、沸いたらアクを取る。蓋をして弱火にし、パースニップが完全にやわらかくなるまで20分ほど煮る。途中水分が足りなくなるようだったら水を適宜足す。やわらかくなったら水気が見えなくなるまで水分を飛ばし、ブレンダーでピュレ状になるまで撹拌する。味を見て必要ならば塩で味を調え、冷蔵庫で冷やす。

2　トマトクラリフェのジュレを作る。トマトクラリフェの重さを量り、その重さの1.6%の板ゼラチンを冷水でふやかす。ゼラチンがやわらかくなったら、トマトクラリフェとともに小鍋に入れ、弱火にかけてゼラチンを溶かす。味を見て必要ならば塩で味を調え、冷蔵庫で冷やしかためる。

3　盛りつける。器にパースニップのピュレを盛り、トマトクラリフェのジュレを流し、雲丹をのせる。フルール・ド・セルを散らし、生のパースニップを削りかける。

hiver

パースニップのブランマンジェとニンジンのムース

パースニップは生だと、スーッと清涼感のある香りがします。
ここでは生のパースニップの香りを生かしたブランマンジェと、
ニンジンと帆立のムースの2層に仕立てます。
ニンジンの葉から作ったオイルも加わり、
生のパースニップとの対比を楽しんでいただくひと皿です。

recette

── 材料（直径8cmのココット型・8個分）

［ニンジンのオイル］（作りやすい分量）
　ニンジンの葉　40g
　サラダ油　350g
［ニンジンと帆立のムース］
　ニンジン　250g
　帆立貝柱（生食用）　100g
　卵白　1個
　生クリーム　30g
　サラダ油　適量
　塩　適量
　白胡椒　適量
［パースニップのブランマンジェ］
　パースニップ　250g
　牛乳　350g
　レモン果汁　5～6g
　板ゼラチン　絞った牛乳の重さ（正味量）の1.8%
　塩　適量
ブドウ　適量
ナスタチウムの葉　適量

── 作り方

1　ニンジンの葉のオイルを作る。ニンジンの葉とサラダ油を合わせてブレンダーで撹拌する。3分ほど撹拌し続けたあと、ペーパータオルで漉す。

2　ニンジンと帆立のムースを作る。ニンジンは皮をむき、スライスする。小鍋にサラダ油を引き、やわらかくなるまで弱火でソテーする。粗熱が取れたら冷蔵庫で冷やす。

3　2のニンジン、帆立貝柱、卵白、生クリームを合わせてブレンダーで滑らかになるまで撹拌する。塩と白胡椒で味を調え、絞り袋に入れる。

4　ラップを広げてその上にニンジンと帆立のムースを一の字に絞る。手前のラップの端をつかんでのり巻きの要領で巻き、直径2.5cm程度の円柱状に成形する。ラップの両端を結び、ムースが漏れないようにする。鍋に湯を沸かし、円柱状に整形したムースをラップごと入れ、弱火で5分ほど茹でる。茹で上がったら、氷水に取って冷やす。冷えたらラップを外し、ペーパーなどで余計な水気を取る。円柱状のムースを2cm（8等分）幅に切る。

5　パースニップのブランマンジェを作る。パースニップはスライスし、牛乳と合わせてブレンダーで滑らかになるまで撹拌する。フキンを使って煮汁を絞り、パースニップ風味の牛乳を作る。塩で味を調えてその重さを量り、その1.8%の重さの板ゼラチンを用意して5分ほど氷水でふやかす。パースニップ風味の牛乳お玉1杯程度を鍋に取り、中火にかける。牛乳が温まったら、ふやかしたゼラチンを加えて溶かし込む。沸騰させると凝固する力が弱まるので沸騰させないように注意する。ゼラチンが完全に溶けたら、残りの牛乳を加えて混ぜる。

6　ココットに5を5mm高さほど流して冷蔵庫で冷やしかためる。かたまったら、ココットの中央に2cm幅に切ったニンジンと帆立のムースを置く。ムースの周りに5を流し入れ、冷蔵庫で3時間以上冷やしかためる。

7　盛りつける。ココット型をぬるま湯につけてかすかに溶かし、ココットに皿を被せてひっくり返す。ブランマンジェの周りにニンジンの葉のオイルを回しかけ、スライスしたブドウとナスタチウムをあしらう。

hiver

ブドウとマスカルポーネの菊球

見た目だけではなく、独特の食感と風味がある食用菊。
ここでは黄色の食用菊と紫色のもって菊を使って色鮮やかに仕上げます。
マスカルポーネがない場合はクリームチーズで代用しても美味しく作れます。
甘みのある白ワインのおともにどうぞ。

recette

— 材料（2皿分）

ブドウ（種のない大粒のもの）　4粒
食用菊（黄）　½パック
もって菊（紫）　½パック
マスカルポーネチーズ（またはクリームチーズ）
　　48〜52g
水　2.5ℓ
酢　70㎖

— 作り方

1　食用菊ともって菊は外側の大きな花弁だけを取る。花の中央に近い、小さな花弁はえぐみが強いので除く。

2　鍋に分量の水と酢を入れて沸かし、横に氷水を入れたボウルを用意する。湯が沸いたら1の菊の花弁を一気に加え、20秒ほど茹でてザルに上げ、素早く氷水に取って冷やす。冷えたらザルに上げ、ペーパータオルを敷いたバットに広げる。

3　ブドウの皮をむき、マスカルポーネを果肉全体に塗り、球状に成形する。マスカルポーネの上に菊をまんべんなくくっつけ、再び丸く成形する。

été

紅芯大根と洋梨、タラゴンのサラダ

シンプルで美しく、瑞々しいサラダです。
紅芯大根をスライスしてホワイトバルサミコ酢を回しかけるだけで、
とても美味しいマリネができ上がります。
赤カブでも美味しく、美しいマリネができます。
スライスする厚さにもよりますが、マリネする際は
食べる30分〜1時間前までが美味しいかと思います。
特に大根をマリネする場合は、ひと晩過ぎると漬け物臭が強くなります。
味は美味しいかと思いますが、食感と香りは好き嫌いが大きく分かれるかもしれません。

recette

― 材料（2皿分）

紅芯大根　½本
洋梨　1個
レモン果汁　適量
ホワイトバルサミコ酢　適量
EXVオリーブオイル　適量
塩　適量
タラゴンの葉　適量

― 作り方

1　紅芯大根はスライサーでスライスして塩をふる。ボウルに入れ、ホワイトバルサミコ酢を回しかける。

2　洋梨は皮をむいて1cm幅のくし形切りにする。塩をふり、レモン果汁を回しかける。

3　盛りつける。皿に紅芯大根と洋梨を盛り、タラゴンを散らし、オリーブオイルをかける。

été

白菜と生ハムのミルフィーユ

白菜は豚肉ととても相性がよい野菜です。生ハムと白菜を重ねて蒸し焼きにし、
ラップできっちり巻いて締めることで、テリーヌのように仕上げます。
白菜を重ねたまま、バラさずに繊維に垂直に輪切りにすると生ハムと白菜が美しい層に。
ワインやビールはもちろん、さまざまな料理の付け合わせとしても活躍します。

recette

― 材料（2〜3皿分）

白菜　¼個
生ハム　8枚
鶏のブイヨン（P.188参照。または水）　200㎖
黒胡椒　適量

― 下準備

・焼くタイミングに合わせ、オーブンを180℃に予熱する。

― 作り方

1　白菜は葉と葉の間に生ハムを挟み、バットにのせる。上から鶏のブイヨンを回しかけ、アルミホイルを被せて180℃に温めたオーブンで30分ほど蒸し焼きにする。途中、白菜が乾燥しているようだったらバットに溜まったブイヨンを白菜にかける。

2　白菜に火が通ったらオーブンから取り出し、軽く粗熱を取る。

3　まな板にラップを広げ、蒸し焼きにした白菜をのせてラップできっちり巻き、15分ほど休ませる。

4　切り分ける際はラップごと切ると形が崩れにくい。切り分けたらラップを外し、仕上げに黒胡椒をふる。

hiver

カリフラワーの丸ごとロースト、スパイシートマトソース

カリフラワーを丸ごとローストします。
スパイシーなトマトソースと合わせてヴィーガン料理でありながら食べ応えも十分。
そのまま提供すれば、パーティーなどでも喜ばれます。
ミニトマトで作るソースは、大きなトマトを使うよりも濃厚で、
酸味があり、旨みが強いソースに仕上がります。
僕はジュースをたくさん取りたいクラリフェ（P.194）には大きなトマトを使いますが、
それ以外の場合、ほぼミニトマトを使います。
それはワインが食用ブドウではなく、小粒なワイン用のブドウで作られているのと同じ理由。
果汁に対して皮の部分の割合の高いミニトマトをあえて使うようにしています。
ブドウと同じようにトマトにも皮の部分にこそ旨みや香り、
複雑味が含まれていると僕は考えています。

recette

— 材料（4皿分）

［カリフラワーの丸ごとトースト］
カリフラワー　1個
ニンニク　1〜2かけ（スライスする）
タイム　2枝
塩　適量
黒胡椒　適量
オリーブオイル　適量

［スパイシートマトソース］（作りやすい分量）
ミニトマト　400g
ニンニク　2かけ
鷹の爪　1本
塩　適量
黒胡椒　適量
EXVオリーブオイル　大さじ1

— 下準備

- 焼くタイミングに合わせ、オーブンを190℃に予熱する。

— 作り方

1　スパイシートマトソースを作る。小鍋にオリーブオイル、潰したニンニク、鷹の爪、ヘタを取ったミニトマトを加えて塩をふり、蓋をして弱火で20分ほど加熱する。ときどき蓋を開けて鍋底に焦げつかないように木ベラなどを使ってかき混ぜる。ミニトマトに完全に火が通ったら、ブレンダーで滑らかに撹拌して塩と黒胡椒で味を調える。

2　カリフラワーの丸ごとローストを作る。できればカリフラワーが入る大きさの蓋付きの鋳物の鍋にオリーブオイル、ニンニク、タイムを入れる。カリフラワーを丸ごと入れ、軽く塩をふって蓋をする。190℃に温めたオーブンでときどき全体に焼き色がつくように上下左右を回転させながら、串がすっと刺さる程度に30分ほど加熱する。カリフラワーが熱いうちに大ぶりに切り、断面に軽く塩と黒胡椒をふる。

3　盛りつける。皿にスパイシートマトソースを流し、カリフラワーを盛る。

hiver

カリフラワーのムジャッダラ

本来バスマティ米で作るアラブの炊き込みごはん、ムジャッダラ。
バスマティ米で作ってももちろん美味しいですが、
今回はカリフラワーで作るムジャッダラを紹介します。
糖質も抑えられ、植物性の食材だけで作られているのに、とても満足感のある一品。
バスマティ米で作る場合は、カリフラワーを米に置き換えてください。

recette

— 材料（4皿分）

- カリフラワー　1個（500g）
- レンズ豆（乾燥）　70g
- タマネギ　1個
- ターメリックパウダー　大さじ1
- コリアンダーシード　小さじ1（ミルで挽く）
- クミンシード　小さじ1（ミルで挽く）
- 強力粉　適量
- 塩　適量
- 黒胡椒　小さじ1
- 揚げ油　適量

— 作り方

1　タマネギはスライスして強力粉をまぶし、余分な粉を落とす。鍋に揚げ油を160℃に温め、タマネギをきつね色になるまでじっくり揚げる。揚がったら、油をきる。

2　鍋に湯を沸かし、レンズ豆を15分ほどやわらかくなるまで茹でる。形が残るように茹で過ぎに注意する。茹で上がったら水気をきり、熱いうちにペーパータオルを敷いたバットに広げ、余分な水分を飛ばして塩をふる。

3　カリフラワーはチーズおろしなどの粗めのおろし金を使って削る（包丁で粗く刻んでもよい）。沸騰した蒸し器で10分ほど蒸し、熱いうちに大きなボウルに移す。

4　3のボウルにレンズ豆、ターメリックパウダー、コリアンダーシード、クミンシードを加えて混ぜ、塩とたっぷりの黒胡椒をふり、味を調える。

5　盛りつける。皿に3を盛り、揚げたタマネギをのせる。

hiver

海老のケーキとカリフラワーのピュレ、カレー風味のオイル

カリフラワーのムジャッダラ (P.179) しかり、
カリフラワーはクミンやコリアンダー、ターメリックなどのスパイスと相性がよいです。
ここではカレー風味のオイルをカリフラワーのピュレと合わせています。
新タマネギの季節にはタマネギをカリフラワーの代わりに使っても美味しいです。

recette

― 材料（2皿分）

[海老のケーキ]

むき海老（ブラックタイガーやバナメイ海老など）
　10尾分（120g）
エシャロット　1/8個（みじん切りにする）
ニンニク　1/2かけ（みじん切りにする）
ディルの葉　1枝分（みじん切りにする）
ピメント・エスペレット＊（または一味唐辛子）　少々
塩　適量
EXVオリーブオイル　適量

[カリフラワーのピュレ]

カリフラワー　200g
バター（無塩）　30g
塩　適量
白胡椒　少々

カレー風味のオイル（P.192参照）　適量
ディルの葉　適量

＊バスク地方の辛いピーマンの粉末。

― 作り方

1　海老のケーキを作る。フライパンにオリーブオイル、エシャロット、ニンニクを入れ、弱火でエシャロットが透き通るまでソテーする。ソテーしたらバットに移し、完全に冷ます。

2　海老は背ワタを取り、包丁で叩いてボウルに入れる。ソテーしたエシャロットとニンニク、ディル、ピメント・エスペレット、塩を加えてよく練る。タネを6等分に分けて小判形に成形し、オリーブオイルを引いたフライパンで両面をこんがり焼く。

3　カリフラワーのピュレを作る。カリフラワーはスライスする。鍋にバターとカリフラワーを入れ、蓋をして弱火にかける。ときどき木ベラでかき混ぜながら10分ほどソテーする。カリフラワーがひたひたに浸る程度の水を加え、中火にして沸騰したら蓋をして弱火で20分ほど煮る。クタクタにやわらかくなったら蓋を開けてそのまま水分を飛ばすように加熱する。その際は鍋底が焦げつかないように注意する。溜まっている水分が見えなくなったら火から下ろし、ブレンダーで滑らかになるまで撹拌し、塩と白胡椒で味を調える。

4　盛りつける。器に温めたカリフラワーのピュレをよそい、海老のケーキをのせ、仕上げにカレー風味のオイルを回しかけてディルをあしらう。

hiver

ブロッコリーとムール貝のスープ

蒸したムール貝自体も美味しいものですが、
その際に出るムール貝のだしこそいちばんのご馳走です。
今回はそのだしを利用してブロッコリーのスープを作り、
ワンランク豪華なスープに仕上げます。

recette

— 材料（2皿分）

- ムール貝　12個
- ブロッコリー　1個
- タマネギ　½個
- ニンニク　2かけ
- 鷹の爪　1本
- 白ワイン　70mℓ
- 黒砂糖　小さじ2
- 塩　適量
- 黒胡椒　適量
- バター（無塩）　15g
- EXVオリーブオイル　適量

— 下準備

- ムール貝はタワシなどで表面の汚れをこすり落とし、足糸を引き抜く。

— 作り方

1　ブロッコリーは小房に分ける。タマネギとニンニクはスライスする。鍋にオリーブオイルを引き、ニンニク、鷹の爪、黒砂糖を入れて弱火にかける。

2　香りが立ってきたらムール貝と白ワインを加え、蓋をして強火にする。口が開いたムール貝から順に取り出し、鍋に残ったムール貝のスープは取り置く。

3　別の鍋にバターを加え、ブロッコリーとタマネギを加えて軽く塩をふり、蓋をしてバターを焦がさないように木ベラなどでときどき混ぜながら中弱火で5分ほど蒸し焼きにする。

4　取り置いたスープ（鷹の爪は除く）とブロッコリーがひたひたに浸る程度の水を加え、中火にする。

5　スープが沸騰したら弱火にし、ブロッコリーが完全にやわらかくなるまで加熱する。ブレンダーで滑らかになるまで撹拌し、塩と黒胡椒で味を調える。

6　皿に盛りつける。器に温めたスープを盛り、取り置いたムール貝をのせ、オリーブオイルを回しかける。

hiver

揚げたブロッコリーとブロッコリーのピュレ、緑のトマト添え

ブロッコリーは調理法によりさまざまな表情を見せてくれます。
中強火で一気に素揚げすると、細かい花蕾の先端がサクッと揚がり、
食べるとシュワシュワッとした食感になります。
またクタクタになるまで茹でると甘みが引き出されます。
今回はこの2つの調理法を合わせ、
ブロッコリーの多彩な味わいを楽しめるひと皿に仕上げます。

recette

— 材料（2皿分）

- ブロッコリー　1½個
- ニンニク　1かけ
- グリーントマト　4個
- 塩　適量
- 黒胡椒　適量
- EXVオリーブオイル　適量
- 揚げ油　適量
- ブロッコリースプラウト　適量

— 作り方

1　ブロッコリーのピュレを作る。ブロッコリー½個は小房に分けて切り落とす。茎は筋がある部分の皮をむく。鍋に湯を沸かし、ニンニク、ブロッコリーとブロッコリーの茎を加え、クタクタになるまで20分ほど中弱火で茹でる。ブロッコリーとニンニクを取り出し、ブレンダーにかけて必要に応じて茹で汁を加え、滑らかになるまで撹拌する。塩と黒胡椒で味を調える。

2　ブロッコリーの素揚げを作る。残りのブロッコリー1個は蕾を茎から外す。鍋に揚げ油を180℃に温め、ブロッコリーの蕾を素揚げにする。油をきり、軽く塩をふる。

3　グリーントマトにオリーブオイルを刷毛で塗る。バーナーで皮目を炙り、軽く塩をふる。

4　盛りつける。皿にブロッコリーのピュレを広げ、その上にブロッコリーの素揚げとグリーントマトをのせ、仕上げにブロッコリースプラウトを散らす。

hiver

下仁田ネギのローストと浅利のクリームソース

下仁田ネギはオーブンでクタクタになるまでローストすると美味しいです。
僕は相性のよいバターとシェリービネガーを回しかけ、味に締まりを持たせるのが好きです。
浅利を白ワイン蒸しにしてそのスープに生クリームを加えてソースにします。

recette

― 材料（2〜3皿分）

[下仁田ネギのロースト]
- 下仁田ネギ　3本
- バター（無塩）　24g
- シェリービネガー（または白ワインビネガー）　60㎖
- 塩　適量

[浅利のクリームソース]
- 浅利　10個
- ニンニク　½かけ（スライスする）
- 鷹の爪　1本
- きび砂糖　3g
- 白ワイン　80㎖
- 生クリーム　60㎖
- EXVオリーブオイル　大さじ1
- 黒胡椒　適量
- 塩　適量

イタリアンパセリの葉　適量

― 作り方

1. 下仁田ネギのローストを作る。下仁田ネギは長いままアルミホイルの上にのせる。バターを塗って軽く塩をふり、上からシェリービネガーを回しかける。アルミホイルで完全に包み、バットにのせて190℃に温めたオーブンで40分ほどローストする。

2. 浅利のクリームソースを作る。鍋にオリーブオイル、ニンニク、鷹の爪、きび砂糖を入れて弱火にかける。香りが立ってきたら浅利と白ワインを加えて蓋をして強火にする。1分ほどしたら蓋を開け、殻が開いた浅利から順に取り出す。鍋の中の浅利のスープは取り置き、生クリームを加えて弱火にかける。沸騰したら味見をして必要であれば塩と黒胡椒で味を調える。塩気が強いようであれば、水を適宜加えて調整する。

3. 盛りつける。大きな皿に下仁田ネギのローストを盛り、浅利をのせてクリームソースを回しかけ、粗く刻んだイタリアンパセリをあしらう。

― 下準備

- 浅利は3％の塩水に浸けて冷蔵庫などの冷暗所に1時間以上置き、砂抜きする。
- 焼くタイミングに合わせ、オーブンを190℃に予熱する。

hiver

下仁田ネギと牡蠣のフォンダン、ベイクドポテト

本来なら主役になる牡蠣を下仁田ネギと一緒にソースに仕立て、ベイクドポテトにかけた一品。
下仁田ネギと牡蠣の濃厚な旨みが口いっぱいに広がります。
ジャガイモは裂くようにして切り分けると断面がギザギザになり、ソースと絡みがよくなります。

recette

— 材料（2皿分）

ジャガイモ　2個
［ 下仁田ネギと牡蠣のフォンダン ］
　牡蠣＊　10個
　下仁田ネギ　1/2本
　白ワイン　60㎖
　生クリーム　200㎖
　バター（無塩）　20g
　黒胡椒　適量
　塩　適量

＊むき身を使ってもよい。

— 下準備

・焼くタイミングに合わせ、オーブンを190℃に予熱する。

— 作り方

1　ベイクドポテトを作る。ジャガイモはタワシでしっかり洗う。ジャガイモの表面にバター（分量外）をたっぷり塗り、バットにのせて190℃に温めたオーブンで竹串がすっと刺さるまで40分ほど焼く。

2　下仁田ネギと牡蠣のフォンダンを作る。下仁田ネギは1㎝角に切る。牡蠣は殻から身を取り出す。フライパンにバターを入れて弱火で溶かし、下仁田ネギをソテーする。しんなりしたら牡蠣と白ワインを加えて中火にし、2分ほど加熱してアルコール分を完全に飛ばす。生クリームを加えて弱火にし、全体にとろみがつくまで加熱する。黒胡椒をふり、味を見て必要であれば塩で味を調える。

3　盛りつける。ベイクドポテトに包丁で切り込みを入れ、手で裂くように半分に割る。皿に盛り、下仁田ネギと牡蠣のフォンダンをかける。

hiver

海老の里芋まんじゅう、海老のスープ

海老と椎茸を蒸した里芋で包んだまんじゅう。
それに海老の頭と削り節から取ったスープを合わせています。
仕上げにバジルとイタリアンパセリのピストゥーソースを流すことで、
グッと洋風の仕上がりとなります。
このピストゥーソースはさまざまな料理に使えるので、
冷蔵庫に常備しておくと便利です。
焼いた魚介やトマトが入った煮込み、スープとの相性が抜群です。

recette

── 材料（4皿分）

有頭海老（ブラックタイガーやバナメイ海老など）
　　8尾分（100g）
里芋　3個
椎茸　4枚
削り節　ひとつかみ
タイムの葉　1枝分
片栗粉　適量
水　700ml
塩　適量
黒胡椒　適量
EXVオリーブオイル　大さじ½
揚げ油　適量
ピストゥーソース（P.41参照）　適量

── 作り方

1　海老の里芋まんじゅうを作る。海老は背ワタを取り、頭と殻は取り置く。海老の身は8mm角に切り、椎茸も8mm角に切る。フライパンにオリーブオイル、海老の身、椎茸、タイムを加え、軽く塩をふって中火でソテーする。

2　里芋は沸騰した蒸し器で15分ほどやわらかくなるまで蒸す。または水にくぐらせて1個ずつラップで包み、600Wの電子レンジで5分ほど加熱してもよい。里芋は皮をむいてスプーンなどを使って潰し、塩で味を調える。

3　潰した里芋を4等分にし、ソテーした海老と椎茸を包み、片栗粉をまぶす。鍋に揚げ油を170℃に温め、中弱火でこんがりするまで揚げる。

4　海老のスープを作る。鍋にオリーブオイルを入れ、取り置いた海老の頭と殻を中火でソテーする。殻の色が変わったら分量の水を加えて沸騰させ、10分ほど弱火で煮出す。削り節を加え、もう一度沸騰させて火を止めて漉す。塩と黒胡椒で味を調えてザルで漉す。

5　盛りつける。器に海老の里芋まんじゅうを入れ、温めた海老のスープを注ぎ、ピストゥーソースを垂らす。

hiver

牛肉のステーキ、春菊のサラダ添え

春菊は鍋に入れるなどして火を入れても美味しいですが、生で食べても美味。
今回は牛肉のステーキをより美味しく食べるためのサラダに仕上げます。
ステーキに添えることで、春菊もたくさん食べることができます。
ドレッシングは醤油とタマネギを使い、牛肉とも相性がよい味付けに。

recette

― 材料（2皿分）

牛肉　240g
春菊　½束
ニンニク　1かけ
サラダ油　適量
焦がしタマネギとハニージンジャーのドレッシング
　　（P.191参照）　適量
塩　適量
黒胡椒　適量
レモン　適量

― 下準備

・焼くタイミングに合わせ、オーブンを180℃に予熱する。

― 作り方

1　牛肉はしっかり塩をふる。フライパンにサラダ油とニンニクを入れ、強火でソテーする。香りが立ったら牛肉の表面を焼き、180℃に温めたオーブンで好みの焼き加減に焼く。オーブンから取り出し、温かい場所で5分ほど置いて休ませる。

2　春菊の葉は太い茎を外す。ボウルに入れて軽く塩をふって下味をつけ、焦がしタマネギとハニージンジャーのドレッシングで和える。

3　盛りつける。牛肉を食べやすい大きさに切り、断面に軽く塩と黒胡椒をふる。皿にステーキを盛り、春菊のサラダとくし形切りにしたレモンを添える。

hiver

アンディーブと胡桃、ロックフォールのタタン

とても美味しく、おしゃれなひと皿です。
僕の店ではこのタルトを鳩のローストの付け合わせにしています。
甘しょっぱいシュクレ・サレのタルトは大人な味わい。
ここで使う青カビチーズは、ぜひ高品質のものを使ってください。
例えばロック・フォールなどが使えれば、素晴らしい一品になります。
このタルトはタルト・タタンに代表されるタルト・ランヴェルセと呼ばれる部類に入ります。
タルト・ランヴェルセとは、ひっくり返して仕上げるタルトのこと。
完成時には底の部分に来るタルト生地を上にのせて焼き上げ、
仕上げの際にひっくり返して皿に盛りつけます。

recette

— 材料（2個分）

パート・ブリゼ（P.197参照）　20g
アンディーブ　2個
胡桃　2個
ロックフォール（またはブルーチーズ）　小さじ2
リデュースド・バルサミックビネガー（P.193参照）
　大さじ2
バター（無塩）　25g
グラニュー糖　40g
塩　適量

— 下準備

- 焼くタイミングに合わせ、オーブンを180℃に予熱する。

— 作り方

1　パート・ブリゼを焼く。パート・ブリゼは3㎝厚さにのばす。オーブンシートを敷いた天板にのせ、180℃に温めたオーブンで5分ほど焼く。半焼きにして縮みを防ぐのが目的。オーブンから生地を取り出し、直径8㎝前後のセルクルで2枚くり抜く。再度天板にのせ、オーブンでさらに軽めに焼き色がつくまで10分ほど焼いて粗熱を取る。

2　アンディーブは1枚ずつ外す。フライパンにグラニュー糖を入れ、水数滴を落として中火にかける。グラニュー糖がキャラメル色に色づいたところで一度火を止めてバターとリデュースド・バルサミックビネガーを加え、キャラメル化の進行を止める。すぐにアンディーブを加え、塩をふり、弱火にかける。トングなどを使ってアンディーブにキャラメルをまとわせながら火を通す。アンディーブがしんなりしたらフライパンのキャラメルごとバットなどに移し、粗熱を取る。

3　胡桃とロックフォールは5㎜角に切る。

4　天板にオーブンシートを敷き、1と同じサイズのセルクルを2つ置く。セルクルの内側にオーブンシートを貼る。胡桃半量をそれぞれのセルクルに等分に敷き、2のアンディーブ半量を胡桃の上に敷き詰める。さらにロックフォールを等分に敷き、同様に残りのアンディーブと胡桃を敷き詰める。

5　4に1の焼いた生地をのせ、重しをのせて冷蔵庫で1時間ほど冷やして安定させる。

6　オーブンシートを敷いた天板に5をひっくり返してのせ、180℃に温めたオーブンで15ほど焼く。

7　セルクルから注意深く抜き取り、裏返して皿に盛る。

流用レシピ | *recette* de détournement

recette

鶏のブイヨン

フォン・ブランこと、鶏のブイヨンは鶏ガラから取っただし。
フランス料理における基本のだしで、
フォン・ド・ボー（P.189）よりも軽いので、
さまざまな料理に活躍できます。

— 材料（作りやすい分量）

  鶏ガラ　1羽分
  タマネギ　大1個
  ニンジン　1/2本
  セロリ　1本
  ニンニク　1/2玉
  タイム　3枝
  ローズマリー　2枝
  ローリエ　2枚
  黒粒胡椒　少々
  水　3ℓ

— 作り方

1　鶏ガラは流水に当てながら余分な汚れや血合いを洗い落とす。タマネギ、ニンジン、セロリ、ニンニクは半分に切る。

2　大きな鍋にすべての材料を入れて中火にかける。沸騰したら弱火にし、丁寧にアクを取る。弱火のまま液面がかすかに揺れる程度の火加減で4時間ほどじっくり煮出して漉す。

recette

野菜のブイヨン

フレンチで使われる野菜のだし、
クールブイヨンは、軽く仕上げたいときに使います。
あまり日持ちしないので、2～3日で使い切ります。

— 材料（作りやすい分量）

  タマネギ　1個
  ニンジン　1/4本
  セロリ　1本
  ニンニク　1/2玉
  ローリエ　1枚
  タイム　3本
  パセリの軸（あれば）　2～3本
  白ワイン　150mℓ
  水　1.5ℓ

— 作り方

1　タマネギ、ニンジン、セロリは繊維に対して垂直に包丁を入れ、スライスする。

2　大きな鍋にすべての材料を入れて中火にかける。沸騰したら弱火にして丁寧にアクを取りながら1時間弱じっくり煮出し、粗熱が取れたら漉す。

recette

ヴィーガン・ブイヨン

野菜のブイヨンよりも椎茸や昆布が効いていて、
旨みが効いただしです。
料理に合わせて野菜のブイヨンと使い分けるとよいです。
椎茸が入っているので軽く色づいて、滋味深いのが特徴です。
植物性の素材で作っているにもかかわらず、動物性の
だしに引けを取らない風味を料理にもたらします。

── 材料（作りやすい分量）

  椎茸　大6枚
  タマネギ　2個
  ニンジン　1本
  セロリ　2本
  ニンニク　1/2玉
  昆布　1枚(15㎝)
  水　5ℓ

── 作り方

1　タマネギ、ニンジン、セロリは繊維に対して垂直に包丁を入れ、スライスする。ニンニクは皮をむく。

2　大きな鍋にすべての材料を入れて中火にかける。沸騰したら弱火にして丁寧にアクを取りながら1時間弱煮出し、粗熱が取れたら漉す。

recette

フォン・ド・ボー

フランス料理の大切な核を成すソースを
このフォン・ド・ボーで担うことが多いです。
手間と時間はかかりますが、これを加えることで、
フランス料理然とした味わいになります。

── 材料（作りやすい分量）

  仔牛の骨　3kg
  牛スジ肉　1kg
  タマネギ　500g
  ニンジン　200g
  セロリ　400g
  ニンニク　1玉
  ミニトマト　400g
  ローリエ　2枚
  タイム　4枝
  水　適量

── 下準備

・焼くタイミングに合わせ、オーブンを220℃に予熱する。

── 作り方

1　仔牛の骨は流水に当てながら余分な汚れや血合いを洗い落とす。タマネギ、ニンジンは皮をむき、2～3㎝角に切る。セロリも同様の大きさに切る。ニンニクは半分に切る。

2　天板に水気をきった仔牛の骨と牛スジ肉を並べ、220℃に温めたオーブンで45分ほど焼く。切った野菜も天板に並べ、同じオーブンで1の野菜に焼き色がつくまで25分焼く。

3　大きな鍋に焼いた仔牛の骨と野菜を移す。天板に残った焦げ（シュック）には旨みが残っているので、天板に水を加えて木ベラなどでこそげ落として鍋に加える。

4　鍋に入った材料より水面が15～20㎝より高くなるように水を加え、中火にかける。沸騰したらアクを丁寧に取り、弱火にしてミニトマト、ローリエ、タイムを加える。

5　水分が少なくなったら水を適宜足し、アクを取りながら6～7時間煮込む。火を止め、粗熱が取れたら漉す。

流用レシピ ─── *recette* de détournement

recette

マヨネーズ

日本の市販のマヨネーズはとても美味しいと
海外でも評判ですが、
酸味も塩気も甘みも強く、インパクトのある味わい。
そのため料理に使うと、
すべてマヨネーズの味になってしまいます。
ここではもっとニュートラルな
味わいのマヨネーズをご紹介します。
もちろんそのまま茹でた野菜につけても美味しいですが、
味わいがあっさりとしているので、
さまざまなソースに展開させていくことも可能です。

── 材料（作りやすい分量）

　　卵黄　1個
　　サラダ油　180g
　　白ワインビネガー　10㎖
　　ディジョンマスタード　15g
　　塩　適量
　　黒胡椒　適量

── 作り方

1　ボウルに卵黄を入れ、泡立て器でしっかり混ぜる。

2　分量のサラダ油のうち大さじ1程度を加え、泡立て器で混ぜながらしっかり乳化させる。残りのサラダ油も4〜5回に分けて加え、その都度混ぜて乳化しているのを確かめる。

3　すべてのサラダ油が乳化したら、白ワインビネガーとディジョンマスタードを加えて混ぜ、塩と黒胡椒で味を調える。

recette

ヴィネグレットドレッシング

最も基本のフランス料理のドレッシング。
ニュートラルな味わいで、
サラダや冷たい料理に使えます。
このヴィネグレットドレッシングに
刻んだハーブや果汁、スパイスを加えると、
さまざまなドレッシングに変化させることが可能です。

── 材料（作りやすい分量）

　　ディジョンマスタード　20g
　　白ワインビネガー　50g
　　サラダ油　150g
　　塩　2〜2.5g

── 作り方

すべての材料をボウルに入れ、ブレンダーで乳化するまで撹拌する。

recette

ランチドレッシング

マヨネーズにハーブやレモン果汁を加えて
爽やかに仕立てたドレッシング。
さまざまなサラダに合います。

— 材料（作りやすい分量）

 マヨネーズ(P.190参照)　50g
 サワークリーム　30g
 チャイブの葉　少々
 ディルの葉　1枝分
 チャービルの葉　1枝分
 レモン果汁　7g
 おろしにんにく　少々
 塩　適量

— 作り方

1　チャイブ、ディル、チャービルは粗く刻み、ボウルに入れる。

2　残りの材料を加え、ブレンダーで乳化するまで撹拌する。

recette

焦がしタマネギと
ハニージンジャーのドレッシング

アメリカ人が考えるオリエンタルな味わい、
とでも言うのでしょうか？
ちょっと甘くて、ショウガのスパイシーが効いています。
日本人にとっては馴染み深いかと思いますので、
さまざまな料理に使っていただいてよいと思います。

— 材料（作りやすい分量）

 タマネギ　1/3〜1/2個（約80g）
 ショウガ　10g
 ディジョンマスタード　30g
 醤油　15g
 バルサミコ酢　40g
 蜂蜜　12g
 EXVオリーブオイル　120g
 サラダ油　適量

— 作り方

1　玉ねぎはみじん切りにする。ショウガはすりおろす。

2　フライパンにサラダ油を引き、タマネギを香ばしく焦がすように中火でソテーする。

3　ソテーしたタマネギをボウルに移し、残りの材料を加えてよく混ぜる。

流用レシピ —— *recette* de détournement

recette
カレードレッシング

ほんのりカレーの風味と甘酸っぱい柑橘を合わせたエキゾチックなドレッシングです。

— 材料（作りやすい分量）

    ニンニク　2かけ
    ディジョンマスタード　20g
    カレー粉　1.5g
    白ワインビネガー　100mℓ
    オレンジマーマレード　15g
    塩　3g
    EXVオリーブオイル　50g
    サラダ油　250g

— 作り方

1　小鍋にニンニクとオリーブオイルを入れ、極弱火で15分ほど火にかける。ニンニクが完全にやわらかくなったら火から外し、そのまま冷ます。

2　1に残りの材料を加えてなめらかになるまでブレンダーで撹拌する。

recette
カレー風味のオイル

カレーの香りを移したオイルです。
スープの仕上げや食材にかけてからソテーすることで、ちょっとしたアクセントを料理に加えることができます。

— 材料（作りやすい分量）

    カレー粉　8g
    にんにく　15g
    EXVオリーブオイル　400g

— 作り方

1　にんにくはすりおろす。

2　小鍋にすべての材料を入れ、弱火で加熱する。香りが立ったら火から外し、そのまま冷ます。

recette

シェリービネガーソース

焼いた肉はもちろん、魚介にも合う万能ソース。
ただし作るのにはかなりの時間と労力が必要です。
そもそもフォン・ド・ボー（P.189）を取るのに1日かかり、
そこからこのソース作りが始まります。
ただしでき上がりは、とても複雑で奥深い味わい。
かなりたくさんのスパイスやハーブを使いますが、
僕の中では各スパイスやハーブには確固たる役割があり、
どれひとつ欠かすことはできません。

— 材料（作りやすい分量）

　エシャロット　1½個
　ニンニク　2かけ
　ショウガ　3g
　バター（無塩）　大さじ1
　シェリービネガー　120mℓ
　赤ワイン　80mℓ
　マデラ酒　170mℓ
　フォン・ド・ボー（P.189参照）　500mℓ
　ローリエ　1枚
　タイム　1枝
　コリアンダーシード　8g
　八角　1個
　クローブ　3本
　ナツメグパウダー　2つまみ
　黒胡椒　適量
　塩　適量

— 作り方

1　エシャロット、ニンニク、ショウガはスライスする。

2　鍋にバターを入れ、1を弱火でソテーする。

3　香りが立ったら、シェリービネガー、赤ワイン、マデラ酒を加えて中火にする。

4　沸騰したらアクを取り、弱火にして煮詰める。

5　ほとんど液体が見えなくなる程度まで煮詰まったら、フォン・ド・ボー、ローリエ、タイム、コリアンダーシード、八角、クローブ、ナツメグパウダーを加えて中火にして沸騰したらアクを丁寧に取り、弱火で煮詰める。

6　液体に照りと軽いとろみがついたら漉し、塩と黒胡椒で味を調える。

recette

リデュースド・バルサミックビネガー

単純に煮詰めたバルサミコ酢です。
高級なバルサミコ酢は何年もシェリー樽の中で
熟成され、味わいと濃度が高まります。
高級バルサミコ酢とまったく同じではありませんが、
近い雰囲気を日常的なバルサミコ酢で作ることができます。
冷蔵庫で数か月保存可能なので、
ある程度多めに仕込むのがおすすめです。

— 材料（作りやすい分量）

　バルサミコ酢　適量

— 作り方

鍋またはテフロン加工のフライパンにバルサミコ酢を入れ、弱火で軽くとろみとツヤが出るまで煮詰める。煮詰まったら、そのまま冷ます。煮詰め過ぎると冷えたときにかたまってしまうので注意する。万が一、かたまってしまった場合はバルサミコ酢少量を加えてのばす。

流用レシピ —— *recette* de détournement

recette

トマトクラリフェ

トマトはその独特の風味と酸味、
植物性の旨みに富んだ野菜です。
そのトマトのジュースを漉すと透明なクラリフェが取れます。
動物性を使わず、透明感のある
軽い仕上がりにしたい料理には、
このトマトクラリフェがとても役に立ちます。
ゼラチンを加えれば、ジュレになり、見た目にも涼しげ。
冷凍保存ができるので、ぜひ常備しておきたい材料です。

— 材料（作りやすい分量）

トマト　3〜6個

— 作り方

1　トマトはヘタを取ってざく切りにし、ブレンダーで滑らかになるまで撹拌してトマトジュースを作る。

2　ペーパータオルを敷いたザルをボウルに重ね、トマトジュースを流し入れて漉す。

recette

セミドライトマト

ミニトマトは普通のトマトより皮の比率が高い分、
味わいが濃いと思います。
そのミニトマトに低温で火を入れながら軽く水分を飛ばすと、
さらにその味わいが濃くなります。
塩などふらなくてもびっくりするような味わいです。
サンドイッチやサラダのトッピングとしても極上品。

— 材料（作りやすい分量）

ミニトマト　2〜4パック
EXVオリーブオイル　適量

— 下準備

- 使用するタイミングに合わせ、オーブンを130℃に予熱する。

— 作り方

1　ミニトマトはヘタを取り、縦半分に切る。

2　切り口を上にしてバットに並べ、オリーブオイルを回しかけ、130℃に温めたオーブンで35分ほど加熱する。

3　オーブンから取り出して粗熱を取り、保存容器に入れる。冷蔵庫で1週間保存可能。

recette

焦がしトマトソース

手早くできてとても美味しく、店でもよく使うソースです。
バーナーなども併用して手早く焦げ目を作ることが重要です。
ゆっくり作業していると、
トマトから果汁が出て焦げがつきにくくなります。
ただし、強火を使う場合は
炎の扱いに十分注意してください。

— 材料（作りやすい分量）

　ミニトマト　450g
　ニンニク　2かけ
　EXVオリーブオイル　大さじ1
　塩　適量
　黒胡椒　適量
　鷹の爪　適宜

— 作り方

1　フライパンにオリーブオイル、ニンニク、ミニトマトを入れて強火で一気にソテーする。炎が立つくらいの最大の火力が好ましい。バーナーがあれば、トマトの表面を焦がしながらコンロの火でトマトをソテーする。ニンニクは真っ黒になると苦みが強くなるので、きつね色になり次第取り出す。ソースを辛くしたい場合は、ニンニクと一緒に鷹の爪1本を入れてもよい。

2　トマトの表面が焦げ、トマトに火が入ったらブレンダーで滑らかになるまで撹拌し、塩と黒胡椒で味を調える。

recette

飴色タマネギ

タマネギとニンニクをじっくりソテーしたものです。
料理にコクを出したいときや自然な甘みを加えたいとき、
煮込みやソースを作るときに役立ちます。
小分けして冷凍保存も可能です。

— 材料（作りやすい分量）

　タマネギ　4個
　ニンニク　2かけ
　サラダ油　適量
　水　適量

— 作り方

1　タマネギはスライスし、ニンニクは潰す。

2　鍋にサラダ油を引き、タマネギとニンニクを入れ、蓋をしてタマネギが飴色になるまで木ベラでかき混ぜながら1時間ほどソテーする。

3　途中焦げつきそうになったら、水を適宜加える。火を止め、そのまま粗熱を取る。

流用レシピ ── *recette* de détournement

---

recette

キノコパウダー

たかがパウダー、されどパウダー。
このパウダーはパウダー自体がとても美味しいです。
ただ料理をおしゃれに見せるためのものではないのです。
複数のキノコをシャンピニオン・ボルドレーズのように
バターとエシャロットでじっくりソテーします。
それだけでも美味しいのに、それを乾燥させては破砕し、
また乾燥させてさらに破砕するため旨みが凝縮。
ぜひ料理のアクセントにどうぞ。

── 材料（作りやすい分量）

　エシャロット　2/3個
　ニンニク　2かけ
　マッシュルーム　1パック
　ヒラタケ　1パック
　舞茸　1パック
　椎茸　3枚
　バター（無塩）　50g
　塩　少々

── 下準備

- 使用するタイミングに合わせ、オーブンを120℃に予熱する。

── 作り方

1　エシャロットとニンニクは皮をむき、みじん切りにする。マッシュルーム、ヒラタケ、舞茸、椎茸はひと口大に切る。

2　フライパンにバター、エシャロット、ニンニク、キノコ類を加え、ごく軽く塩をふって蓋をしてキノコに完全に火が入るまで加熱する。

3　火が通ったら蓋を開けて加熱を続け、水分を飛ばす。

4　まな板に3を出し、包丁で叩いて細かなみじん切りにする。

5　4をバットに広げ、120℃に温めたオーブンで2時間以水分を飛ばす。

6　一度取り出してブレンダーにかけ、再度バットに広げて同じオーブンで1時間ほど乾燥させる。

7　6の作業を必要であればさらにもう2〜3度繰り返し、サラサラのパウダー状にする。

---

recette

クルトン

バターをたっぷり使った
自家製のクルトンはとても美味しいです。
カリッとしていながら、
口の中でジュワッとバターが滲み出てくる感じ。
正に背徳の味。ちょっとした手間で、
シンプルなサラダが病みつきの一品となる
手伝いをしてくれる、心強い味方です。
フライパンの上で作業を完了させる必要はなく、
フライパンの上では
あくまで薄くきつね色に色づけるイメージ。
カリッとさせるためには100〜130℃の焼き色がつかない
温度帯のオーブンで水分を飛ばすことが重要です。
かなりの弱火でゆっくりゆっくりとフライパンで
ソテーすることでも作ることもできます。

── 材料（作りやすい分量）

　食パン（8枚切り）　2枚
　バター（無塩）　40g
　塩　少々

── 下準備

- 焼くタイミングに合わせ、オーブンを120℃に予熱する。

── 作り方

1　食パンは耳を切り落とし、5mm角に切る。

2　フライパンにバターを弱火で熱し、細かい泡が立ってきたら角切りにした食パンを加えて木ベラですぐにかき混ぜ、食パンにバターを均等に吸わせる。軽く塩をふり、絶えずかき混ぜながら均等に焼き色がつくようにする。

3　軽いきつね色になったら、バットに移して120℃に温めたオーブンで、水分を飛ばしながらカリッとするまで30分ほど焼く。

recette

パート・フィユテ（折り込みパイ生地）

ご家庭で作るには、少々難易度の高いパイ生地です。
だからこそパイ料理をご自宅で仕込めばご馳走になりますし、
また市販のパイシートと手作りのパイシートとは
その味わいには歴然の違いがあります。
手間はかかりますが、それだけの価値のある生地です。

— 材料（作りやすい分量）

強力粉　250g　　　白ワインビネガー　12g
薄力粉　250g　　　水　190mℓ
バターA(無塩)　75g　塩　5g
　　　　　　　　　バターB(無塩)　375g

— 作り方

1　ボウルに強力粉と薄力粉を入れ、冷凍庫で冷やす。バターAは1cm角に切り、使うまで冷蔵庫で冷やす。バターBも冷やす。白ワインビネガーと分量の水も合わせて冷蔵庫で冷やす。

2　完全に冷えたら粉類にバターAを合わせ、フードプロセッサーで素早く1秒ほど回すのを2〜3回繰り返すか、またはスケッパーを使ってバターを細かく破砕する。やわらかくなっていないバターの粒子が粉に混ざっている状態を作り出す。

3　2をボウルに移し、1で合わせた白ワインビネガーと水、塩を加えてさっくりと混ぜ合わせて生地をまとめる。捏ね過ぎるとバターが溶けてしまうので注意する。ラップで包み、冷蔵庫で1時間ほど休ませる。

4　バターBを麺棒で厚さ約1.5cm、14cm四方の正方形に成形する。打ち粉（分量外）をふった台に出し、休ませていた生地を36cm四方の正方形にのばす。生地の中央にバターBを45度ずらして置く。生地の4つ角をバターを包むように折り畳む。生地の中には正方形のバターが包まれている状態にする。ラップで包み、冷蔵庫で1時間以上休ませて完全に冷やす。

5　生地を冷蔵庫から取り出し、バターが溶けてしまわないように注意しながら麺棒で45×20cm程度の大きさにのばす。生地の長い辺を3つ折りに畳み、ラップで包んで冷蔵庫で1時間以上、完全に冷やす。

6　冷蔵庫から生地を取り出し、折り込んだ向きに対して垂直方向に生地をのばす。生地を20×45cm程度にのばしたら再度長い辺を3つ折りに畳む。ラップで包み、再度冷蔵庫で最低1時間以上完全に生地を冷やしたらパート・フィユテの完成。

---

recette

パート・ブリゼ（タルト生地）

パート・ブリゼとはキッシュで使う生地のこと。
英語ではインスタントパイ生地とも呼ばれます。
つまり折り込んで層にするのではなく、
粉の中に溶けていない
バターの粒子が混ざっている生地にし、
加熱でバターが溶け、その部分が空洞になり、
サクッとしたパイのような食感になる生地のこと。
お菓子に使うのではなく、料理用の甘くない生地です。
あまり捏ね過ぎると、バターの粒子と粉が繋がってしまい、
生地が重くなるので注意してください。
ここでは作りやすい分量で表記していますが、
ラップで包んで冷蔵庫や冷凍庫で保存可能です。
冷凍した場合は、冷蔵庫で解凍してから使います。

— 材料（作りやすい分量）

強力粉　300g
薄力粉　300g
塩　6g
バター(無塩)　270g
全卵　3個
水　60mℓ

— 作り方

1　バターは1cm角に切り、使うまで冷蔵庫で冷やす。

2　ボウルに強力粉、薄力粉、塩を入れてさっくり混ぜ、冷えたバターを加える。スケッパーを使い、バターを細かく崩す。粉とバターが混ざったサラサラのそぼろ状にする。

3　混ぜた粉の真ん中に凹みを作り、卵と分量の水を加えて混ぜてひとつにまとめる。まとまったら打ち粉（分量外）をふった台に出し、全体が均一の状態になるまで軽く捏ねる。捏ね過ぎないように注意する。ラップで生地を包み、冷蔵庫で1〜2時間休ませたらパート・ブリゼの完成。

料理が繋ぐ絆

私がこの本の制作に取り掛かったのは確か4年前だったかと思います。
まだコロナが始まっていなかったときです。
1年がかりで撮影をして、多くの料理を作りました。

しかしその後、コロナ禍において、お店を守ることを優先して、
レシピ提出などに随分と時間がかかってしまいました。

ですが、作った料理を今こうして振り返ってみても、とても新鮮に見えます。

この本の中には、僕にとってごく自然な料理もあれば、
普段はあまり作らないような料理もあります。
個人的にこれは傑作だなと感じている料理もあります。

それらひとつひとつがとても魅力的な写真として切り取られていて、
ページをめくる度に撮影した当時の様子がありありと思い出されます。

そして4年という歳月を経て、コロナ禍を経験して、
今改めて料理の大切さを感じています。
料理で人は繋がることができます。
料理で人は笑顔になれます。
そう願っており、信じてもおります。

これから先、世の中がどうなっていくかは分かりませんが、
料理を作り、そして大切な人達と笑顔で食卓を囲む時間が持てたら。
そんな幸せなことはないと思います。

最後にいつも僕を支えてくれる妻とスタッフの皆に感謝。

ありがとうございます。

紺野 真

紺野 真 (Makoto Konno)

1969年、東京都生まれ。1987年、東京都立戸山高校卒業後、
カリフォルニア・ロサンゼルスに移住。アメリカのカフェ文化に魅せられ、
自身の店を志す。1997年、帰国したのち原宿のカフェ『ヴァジー』、
ビストロ『オー・ランデ・ヴー』で経験を積み、
2005年、三軒茶屋に『uguisu』をオープン。
2011年、西荻窪に『organ』をオープン。
2023年11月より麻布台『Orby Restaurant』のヘッドシェフを兼任する。
著書に『なぜかワインがおいしいビストロの絶品レシピ』(サンマーク出版)がある。

Instagram
@u_g_u_i_s_u chef
@organ_tokyo
@orby.restaurant

uguisu / organ

紺野 真が作る
野菜のひと皿料理
2025年4月25日　初版第1刷発行

著者　　　紺野 真
発行者　　津田淳子
発行所　　株式会社グラフィック社
　　　　　〒102-0073　東京都千代田区九段北1-14-17
　　　　　tel. 03-3263-4318（代表）　03-3263-4579（編集）
　　　　　https://www.graphicsha.co.jp
印刷・製本　TOPPANクロレ株式会社

定価はカバーに表示してあります。
乱丁・落丁本は、小社業務部宛にお送りください。小社送料負担にてお取り替え致します。
著作権法上、本書掲載の写真・図・文の無断転載・借用・複製は禁じられています。
本書のコピー、スキャン、デジタル化等の無断複製は著作権法上の例外を除き禁じられています。
本書を代行業者等の第三者に依頼してスキャンやデジタル化することは、
たとえ個人や家庭内での利用であっても著作権法上認められておりません。

撮影　加藤新作
装幀　髙橋 良 (chorus)
校正　合田真子
編集　小池洋子 (グラフィック社)

© Mkoto Konno 2025 Printed in Japan
ISBN 978-4-7661-3644-9 C2077